シリーズ『大学の授業実践』4

文字を手書きさせる教育

―「書写」に何ができるのか

鈴木慶子
Suzuki, Keiko

東信堂

まえがき
——なぜ、本書を書いたのか——

手書き離れが進行している。

手書き離れの弊害が深刻である。

「書写」は、義務教育において、手書きを指導する分野である。

にもかかわらず、これまで、「書写」教育界には、手書きの価値を根底から問うた本がなかった。

「書写」教育界には、小学校一年生から毛筆「書写」を導入しようとする動きがある。

しかし、小学校一年生から毛筆「書写」を指導すると、手書き離れを阻止することができるのか。手書き離れによる「読み書き」の力の崩壊を食い止めることができるのか。

小学校一年生からの毛筆「書写」導入は、手書き離れの現実にとって、無益である。手書き離れの現実に正対することなく、この動きが加速している。

手書きの価値について根底から問わねばならない。そのために、この一冊を書いた。その答えを、自分の実践によって示す。

本書は、次のような二部構成である。

第Ⅰ部では、手書き離れに対する私の問題意識を述べる。

第Ⅱ部では、この問題意識に基づいて行った、私の授業実践を示す。この授業実践において、手書きの価値を明らかにする。

なお、本書の写真は、原則として、鈴木が授業中に撮影している。どれもが捕らえ逃したくない瞬間的な場面や動作である。そのために、不鮮明な写真になってしまったものが多いことをお断りする。お許し願う。

文字を手書きさせる教育――「書写」に何ができるのか――／目次

第Ⅱ部　私の「書写」実践――長崎大学「小学校書写」――　59

文字を手書きさせる教育

——「書写」に何ができるのか——

第Ⅰ部

私の「書写」観

私は、「書写」を、長崎大学以外の大学も含めて、二十年以上にわたり教えてきた。

「書写」は、教育職員免許法において、小学校教諭免許状及び中学校教諭［国語］免許状取得のために必須であると規定されている。その「書写」を、私は、長崎大学では、着任した平成六年以降ずっと教えてきた。

二十年間という期間に、私の「書写」観は、少しずつ変化してきた。「書写」を取り巻く社会や生活が変化してきたからだ。

社会や生活が変化したからこそ、「書写」で教えるべきことが明確になってきたのだ。

第一章　社会や生活はどう変化したのか

第一節　学生の手書き離れ

私が長崎大学に着任した当時（平成六年）、教育学部の学生は、レポートを手書きしていた。レポートを指定場所に持参し、提出していた。演習発表時に配付する資料は、手書きで作成し、印刷していた。レポート執筆や演習発表のための資料を探す時は、まず、図書館に行っていた。蔵書の重みを感じながら、ページを実際に繰っていた。授業中は、講義内容を手書きでノートしていた。掲示物の情報は、手書きでメモしていた。学生はＰＣを所有していなかった。また、ほとんどの教師は、研究室にＰＣを設備していなかった。ＰＣを使える教師は、極めて限られていた。だから、授業中に教師が配付する資料には、手書き文字が存在した。

学部内には、学内ＬＡＮやインターネットの設備は施されていなかった。だから、学生が教師にメールで連絡することは、あり得なかった。教師が学生に、メールで連絡することもあり得なかった。

学生は、受講する科目を手書きで登録した。取り止める時にも、手書きで届けを出した。インターンシップに行った先には、手書きしたレポートを届けた。インターンシップ先は、学部の担当教員に、受理したレポートをまとめて返送する。それに使う封筒を整えるのは学生であった。

現在（平成二六年）は、どうか。

レポートは手書きしない。教師が、PCを使用して執筆することを指定している。提出先は、教師のアドレスだ。インターネットで送信する。自宅から一歩も外に出ることなく提出できる。演習発表時に配付する資料は、PCで作成する。紙の配付物がないことも多い。PCスライドを示しながら、発表するからだ。PCスライドを見ながら、発表を聞くからだ。レポート執筆や演習発表のための資料を探す時は、まず、インターネットで検索する。図書館に足を運ばなくても、ページを繰らなくても、調べ物は可能である。授業中は、講義の内容を手書きでノートをとってもよいが、ノートPCに直接入力してもよい。教育学部の半数ほどの教師は、板書しないで、PCスライドで授業を進める。PCスライドで見せた資料は、その教師のサイトやLACS（長崎大学独自の教育支援システム）に掲載されるから、授業中に必死になってノートしなくても心配ない。欠席したとしても、スライドの配付資料を入手することはできる。掲示物の情報は、スマホのカメラで撮影する。インターネット上の告知なら、スマホの画面を見るだけだ。

学生が受講する科目を登録する時も、取り消しする時も、WEB入力である。インターンシップのレポートもWEB入力である。大学の授業以外でも、ほとんど手書きしない。

長崎大学では、二〇一四（平成二六）年度入学生からは、ノートPC必携となった。だから、授業中に、手書きでノートをとる学生は減るだろう。手書きでノートをとる代わりに、ノートＰＣに入力するのが普通になるだろう。だから、今よりももっともっと、学生は手書きしなくなるに違いない。

長崎大学の学生の学習生活は、二十年間で大きく変わった。

それでも、今の学生は、幼少のころは、手書き経験を積んでいた。幼少のころは、手書き離れしていなかった。ところが、小中学校の子ども一人ひとりにタブレットＰＣを持たせるという教育施策が進んでいる。だから、今後は、幼少のころから、手書き経験をしていない学生が増えるだろう。

第二節　学生を取り囲む社会や生活の変化

長崎大学の学生を取り囲む社会や生活も、二十年間で、大きく変わった。手書き離れが進行したのだ。人々は、ＰＣに依存するようになった。

二〇〇五（平成一七）年、文部科学大臣は、文化審議会に対して次のような諮問（**資料Ⅰ-1-1**参照）[1]を行った。

資料Ⅰ-1-1　二〇〇五年　文科大臣諮問

○　情報化時代に対応する漢字政策の在り方について

［中略］

> また、情報機器の広範な普及は、一方で、一般の文字生活において人々が手書きする機会を確実に減らしている。漢字を手で書くことをどのように位置付けるかについては、情報化が進展すればするほど、重要な課題として検討することが求められる。
>
> （文化審議会答申『改定常用漢字表』二〇一〇年六月　一七八～一七九頁　原典は、横書き。）

具体的に、どのように手書きする機会が減ったのか。

文化庁は、『平成二四年度国語に関する世論調査　日本人のコミュニケーション』[2]を実施した。

それによると、平成一六年度調査結果と比較して、「手書きをする」（「いつも手書きをする」＋「大体手書きをする」）は、すべての調査項目で、一〇ポイント以上減少している。

① はがきや手紙などの宛名……………………一二・八ポイント減少

② 年賀状の宛名……………………………………一四・六ポイント減少

③ はがきや手紙などの本文……………………一一・三ポイント減少

④ 報告書やレポートなどの文章………………一五・七ポイント減少

『平成二三年度国語に関する世論調査　日本人の言語生活』[3]では、どうか。

「情報媒体の多様化による言語生活への影響」として該当する上位三つは左記である。平成一三年度調査結果と比較して、一〇ポイント以上増加している。

①　漢字を正確に書く力が衰えた…………………………二五・二ポイント
②　手紙やはがきを余り利用しないようになった…………一五・六ポイント
③　手で書くことが面倒くさいと感じるようになった……一〇・一ポイント

この「国語に関する世論調査」は、平成七年度から行われてきた。それ以前は、内閣総理大臣官房広報室が行った平成四年の「国語に関する世論調査」がある。これら一連の調査結果を通覧すると（資料Ⅰ-1-2）、「ワープロやパソコンで文章を作成したことがない」と回答した者は、確実に減少している。次のようにである。

平成四年度………六八・〇％
平成七年度………六〇・一％
平成一一年度……五二・二％

この割合で減少傾向が続いたとして、現在（平成二六年）では、「ワープロやパソコンで文章を作成したことがない」という者は、二〇％程度となるであろう。いや実感としては、もっと少ない。キーボード書記経験が増加すれば、手書き経験は減少する。手書き離れが進んだのだ。社会や生活は、大きく変わった。

二十年前に比較して、一人の人間が生育する過程で、手書きするのを観察する機会も減った。かつては、手書き行動をする以前に、一般的な子どもは、家庭において、家族が手書きしている姿を見て育った。その姿を見て、手書き行動を模倣した。しかし、現在は、親がケータイやスマホを操作する姿を見ることはあっても、はがきや手紙を手書きしている姿は、あまり見なくなった。第一子を出産したばかりの教え子が、「手書きするのは家計簿だけかな。」と言っていた。「これも、スマホでできるのですけど……」と。

資料Ⅰ-1-2　平成初期のワープロ書記に関する調査結果

調　査	内閣総理大臣官房 広報室	文化庁文化部国語課	文化庁文化部国語課
	平成４年６月	平成７年４月	平成 11 年１月
母集団	全国 20 歳以上の男女 3,000 人	全国 16 歳以上の男女 3,000 人	全国 16 歳以上の男女 3,000 人
回答者数	n ＝ 2,284	n ＝ 2,212	n ＝ 2,200
あなたは、ワープロやパソコンをつかって文章を作成したことがありますか。	ある…………32.0% **ない…………68.0%**	ある…………39.9% **ない…………60.1%**	
［上項で「ある」と回答した者に対して］あなたは、現在ワープロやパソコンをつかって文章を作成していますか。	日常的につかっている……………35.6% 時々つかっている………………42.7% ほとんどつかっていない…………21.8%	日常的に作成している……………27.6% 時々作成している………………45.1% ほとんど作成していない…………27.3%	ほとんど毎日使う………………12.8% 週に１回以上使う………………　9.1% 月に１回以上使う………………　8.1% 年に１回以上使う………………　5.0% 以前使ったことがあるが、今は使っていない………12.6% **全く使ったことがない……………52.2%** 分からない…………………0.1%

本書における資料番号の読み方

資料■-□-○○　　■：部、□：章、○○：ナンバリング

例えば、資料Ⅰ-1-1 は、第Ⅰ部第１章にある１番目の資料であることを示す。

また、資料Ⅱ-1-3g は、第Ⅱ部第１章にある３番目の資料（「g」は、鈴木が撮影したことを示す）であることを示す。

ただし、ナンバリングは、1 章ごとに完結している。本書を貫いた連番にはなっていない。

［注］

1　二〇一〇年一一月告示の『常用漢字表』の作成は、この諮問によって開始された。つまり、二〇〇五（平成一七）年三月の文科大臣諮問（一六庁文第二五七号平成一七年諮問第一五号）である。

2　『平成二四年度国語に関する世論調査　日本人のコミュニケーション』（二〇一三年九月　文化庁文化部国語課　ぎょうせい）　三三頁

3　『平成二三年度国語に関する世論調査　日本人の言語生活』（二〇一二年九月　文化庁文化部国語課　ぎょうせい）　二二頁

第二章　学生の書字行動は、今、どうなっているか

――添え状実践において――

手書き離れ、ＰＣ依存が進行している。その結果、学生の書字行動は、どうなっているのか。

私は、長崎大学教育学部で「中等書写法」（選択、二年生対象）を担当している。「中等書写法」は、中学校国語科教諭免許状を取得するための授業科目である。この授業で、次のような条件のもと、学生（二一名）に添え状を書かせた。

①「中等書写法」の一環として、六月二一日に開催される「日本国語教育学会第三九回西日本集会（長崎大会）」に参加する（鈴木は、その大会実行委員会委員長である）。参加した分科会、及び聴講した講演の報告をレポートとして、後日、鈴木に提出する。

②まずは、「日本国語教育学会第三九回西日本集会（長崎大会）」への参加申込みを行う。

③そのために、所定の「参加申込書」に必要事項を記入の上、鈴木宛に郵送する。

④郵送するに当たっては、適切な添え状を同封する。

第一節　郵便システムについての無知

資料Ⅰ-2-1及び**資料Ⅰ-2-2**によって、ある男子学生「長崎太郎」（仮名）の場合を検討する。

「長崎太郎」の郵便は、締切に間に合った。彼の封筒には、一〇円切手が二枚貼ってあった（資料Ⅰ-2-1参照）。差出人情報が書かれていない（資料Ⅰ-2-2参照）。差出人情報がないので、返送されなかった。その代わり、不足した料金については、宛先である鈴木に請求があった。彼は、自室（一人暮らし）にたまたまあった切手を、何の考えもなく貼ったという。料金のことは考えなかったのかと質すと、何も考えなかったと答えた。

資料Ⅰ-2-1　「長崎太郎」の封筒表

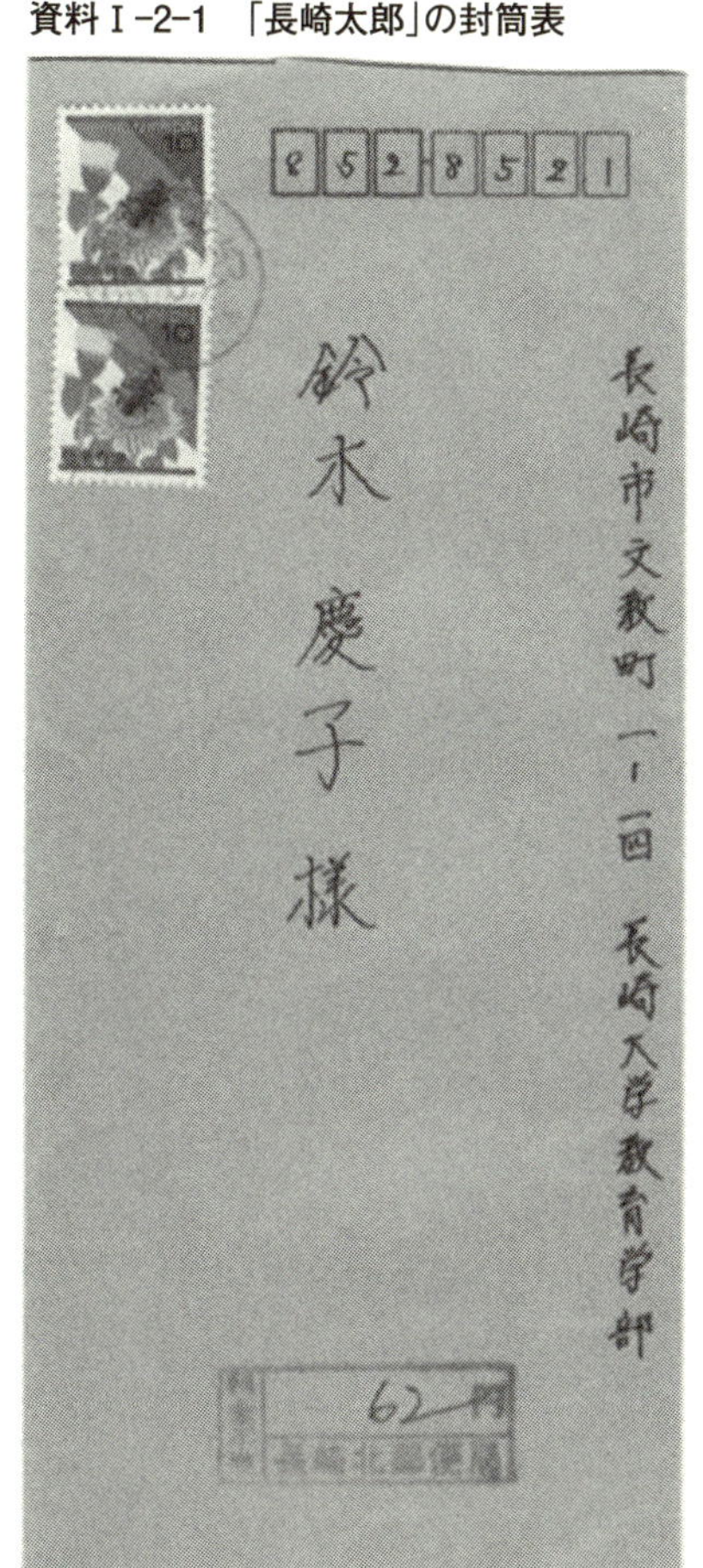

資料Ⅰ-2-2 「長崎太郎」の封筒裏

「差出人名を書いていないからね。」と、私がつぶやきながら返却すると、彼は「中に書いています。」と即座に言った。「配達する人は、中を見ませんよ。」と言うと、彼は「そうですけど……。」と言った。

続いて、不足料金請求の印が押されて宛先に届けられたことについて、どう思うかと質問した。すると、「不足分は支払います。」と彼は答えた。「『不足分は支払います』で、よいのですか。君の思考は、そこで停止するのですか。」と問うと、彼は押し黙った。

彼は、生まれて初めて郵便物を郵便ポストに投函したそうだ。生まれて初めて便箋に書簡文を書き、生まれて初めて封筒の表書きと裏書きをしたそうだ。切手を貼ったのも初めてだそうだ。「添え状」という言葉も、生まれて初めて聞いたのだという。

外にもう一通、料金不足があった。それには、五〇円切手が貼ってあった。それは、差出人に返送された。だから、締切に間に合わなかった。この差出人（男子、一人暮らし）の場合も、料金不足のことは、針の先ほども考えなかった。「コンビニに五〇円切手しか売っていなかったから」、それを買った。料金が不足していたら返送されてくるシステムがあることも知らなかったという。

彼ら以外に、この回の学習記録に次のように記述した学生がいた。

差出人名を書いていないと、料金が不足していても、宛先に届くということは知りませんでした。

つまり、郵便料金や郵便システムに関して無知なのは、二人の男子学生だけではないのだ。メールの送受信で、済ませているからだ。

インターネットを使えば、社会の動きや他人に配慮する必要性がない。いや、社会の動きや他人に、直接関わることがなくなるのだ。

平成二〇年版『中学校学習指導要領』国語科の第二学年の言語活動例に、「社会生活に必要な手紙を書くこと」があげられている。しかし、この前提が崩壊している。

第二節　テンプレート依存と、未熟な書字技術

第一項　封筒の表書きと裏書き

再び、資料Ⅰ-2-1を見よう。宛名住所が右端に寄りすぎている。「長崎大学教育学部」までが一行に書かれて

いる。「長崎大学教育学部」は、二行目に書くべきだ。宛名氏名が、上部に吊り上がっている。封筒の丈に対して、ツンツルテンだ。敬称が「様」となっている。意図的に、待遇表現を消しているのか。

なお、「長」の文字を、彼は、「一」↓「一」↓「一」↓「一」↓「一」↓……と書いていることが見て取れる。この筆順は、学校教育における標準[1]とは異なる。（**資料Ⅰ-2-3**の「長」も同様だ。）

ほかの学生も、似たような状況だ。

試みに、もう一人の学生「肥前華子」（仮名）の場合を見よう（資料Ⅰ-2-3、**資料Ⅰ-2-4**）。

こちらも宛名住所が右端に寄りすぎている。こちらは、「長崎大学教育学部」が欠落している。宛名氏名が、ど真ん中に書かれている。間抜けたレイアウトだ。「鈴木慶子様」の

資料Ⅰ-2-3　「肥前華子」の封筒表（5月）

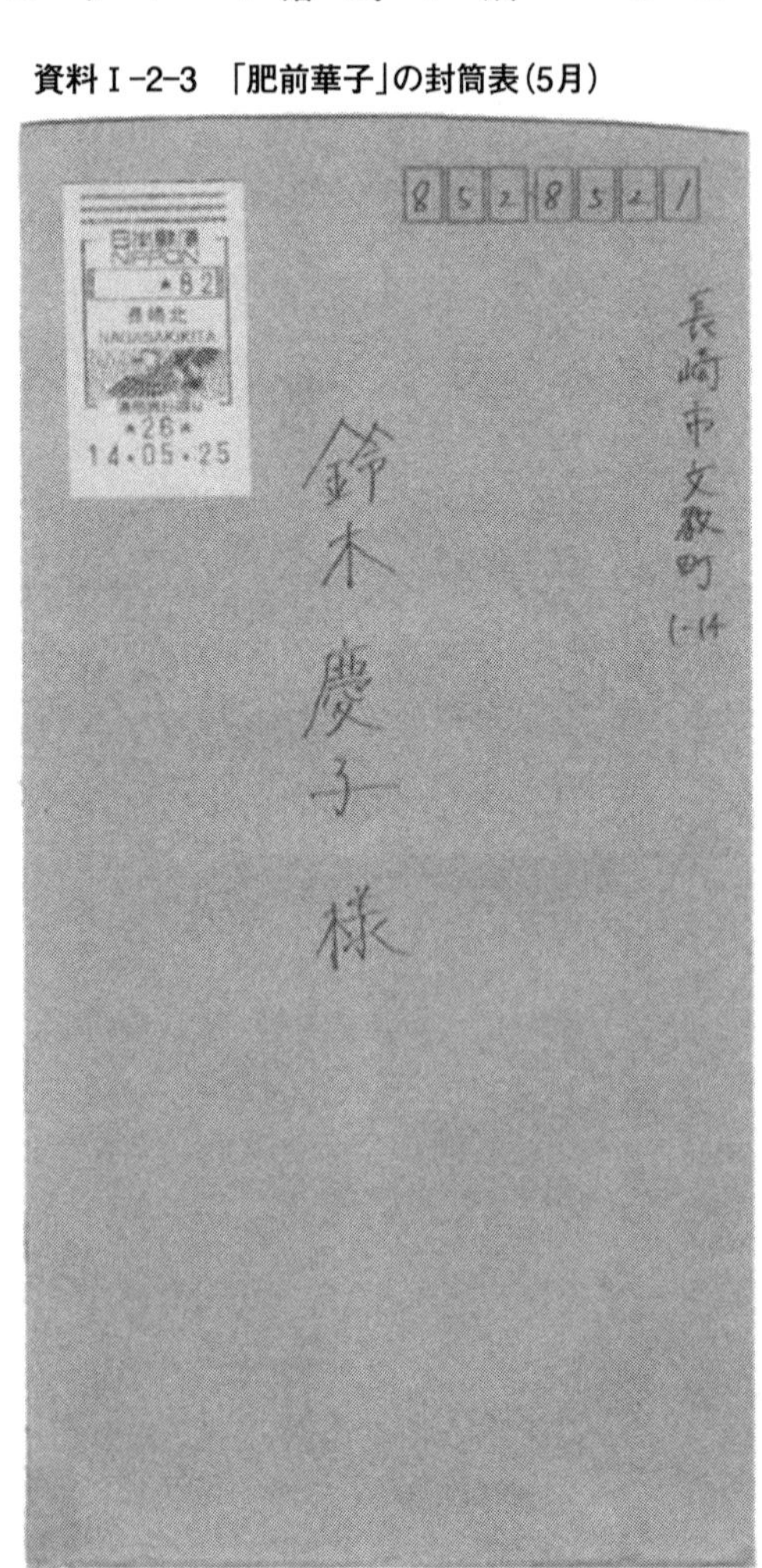

字列の、「様」がやや曲がっている。「鈴木慶子」の下にくる敬称を何にしようかと迷って、しばらく参考書に目を走らせたのかもしれない（あるいは、スマホで検索したか）。つまり、宛名氏名を書き始めた時点で、敬称を何にするかが頭の中に入っていないのだ。結局、敬称を「様」とした。（他の一〇人も、全員「様」である。）しかも、「様」の字体を間違えている。おそらく、彼女は、「様」を、「木へん」→「ソ」→「一」→「一」→「｜」→「亅」→「したみず」と書いたはずである。総画数にしたら、一画多い。「様」の第一〇画は、上部と下部とを貫いて書くのが標準だ。彼女はそう書いていない。手書きする〈動作〉を、学習していない証拠だ（資料Ⅰ-2-4参照）。

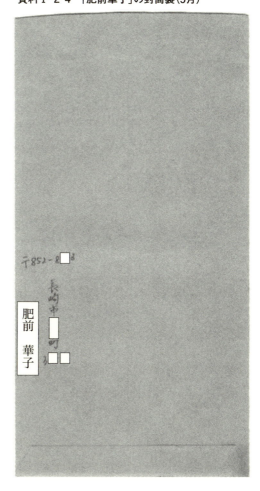

郵便番号と宛名住所を書いた算用数字には、粗雑な書きぶりが現われている。「宛名や差出人は、ＰＣソフトで作成してシールで貼るから、手で書いたことがありません！」「課題だからやるけど、郵便って面倒くさいなあ。」

資料Ⅰ-2-4　「肥前華子」の封筒裏（5月）

「ネットやスマホで十分だ。」こう思いながら書いたのだろう。

裏書きを見ると、差出人情報が、左端スレスレに書かれている。

この書き手は、罫線や枠のないところに手書きした経験が少ないのだろう。ガイドラインがないと、どこに書いてよいかわからなくなる。だから、端スレスレに書いたり、ど真ん中に書いたりするのだ。書くべき内容を念頭に置いて、余白に合わせてレイアウトする感覚及び能力が働いていない。あるいは、身に付いていない。

さらに、二人とも、表書きに「参加申込書在中」等の添え書きがない。封筒裏には〆もない。

これらからは、書き手の幼稚さが透けて見える。テンプレートがないと、無教養、不注意、無知、粗雑及び無計画が露呈するのだ。手書きは、無教養、不注意、無知、粗雑及び無計画を隠蔽することができない。

第二項　添え状の内容

「長崎太郎」と「肥前華子」の添え状を検討する（**資料Ⅰ－2－5及び資料Ⅰ－2－6**参照）。

一〇円切手を二枚貼って郵送してきた「長崎太郎」は、手書きで添え状を書いている（資料Ⅰ－2－5）。手書きすると、ここまで見苦しい状況になるという見本である。

①　用紙…………　Ａ４判のコピー用紙を裁断して作った自家製の便箋を使っている。幅が広く、丈が短い（おおよそ横二二センチ ×縦一七センチ）。

一度、鉛筆で横罫を引いて、雑に消している。だから、鉛筆で引いた線の跡が、まだらに残っている。

きちんと裁断できていないので、ややいびつな四角形である。それを三回折り畳んで、掌に入る大きさ（本のしおり大、おおよそ横一〇・五センチ×縦四・五センチ）にして封入していた。彼が選んだ封筒は、長形四号だ（資料Ⅰ-2-1、資料Ⅰ-2-2参照）。長形四号の封筒に封入するためには、彼が手作りした便箋は、三回折り畳まないと収まらない。三回折り畳んで小さくしたら、長形四号の封筒の中で泳いでいた。封を切って、封筒を逆さにして、指を差し入れないと、取り出せない。

　長形四号の封筒は、

資料Ⅰ-2-5　長崎太郎の添え状（5月）

平成26年5月24日　現在

長崎大学教育学部

鈴木慶子 様

日本国語教育学会　第39回西日本集会について。

拝啓

この度、私は中等書写法を履修するものとして上記の講演会に応募させていただきました。今回、私は講演を聞き、「言語活動」につて学びたいと考えています。近年、国語教育の活性化には「言語活動」が必要であると聞きますが、私の中でそれが何なのかを明確に理解出来ていません。なので、今回の講演で少しでも手がかりをつかめたら良いなと思っています。よろしくお願いします。

敬具

B5判用紙を横四つ折して封入するのに適している。A4判用紙を封入するなら、長形三号の封筒を用意すべきだ。そうでないと、以上のように、無様なことになる。

②　誤字………………「講演を開き」(「聞き」のつもりか)、「必要であると開きますが」(同上)。
二回も、同じ間違いを犯している。

③　脱字…………「『言語活動』につて」(「『言語活動』について」のつもりか。)

④　書式の混在……公用文書式と、私信書式が混在している。
公用文書式(横書き、日付、宛先、差出人、組織、標題、記書き)を不完全に使っている。不完全な公用文書式に、私信(頭語、結語、書き手の私的心情)の要素を交ぜている。

日付に「現在」があるのは、意味不明。

標題に句点(。)があるのは、意味不明。

差出人の署名がない。「中に書いてあります。」と言っていたが、中にも書いていない。(「中等書写法」の受講者を見渡して、誰が提出していないのかを点検した。それで、どこにも名前が書かれていない郵便物が、「長崎太郎」のものだとわかった。)

⑤　要件の脱落……「授業で指示されて、参加申込書を同封している」という要件が書かれていない。

⑥　ずさんな語用…「応募させていただきました。」とあるが、私は募集していない。「参加しなさい」と指示したのだ。「応募」と「参加」との区別ができないのか。
次に、私は、午前中の「分科会」から参加しろと指示した。午後からの「講演」だけを聴講しろとは、指示していない。「分科会」と「講演会」との区別ができないのか。

⑦　口語の混交……　「…。なので、………良いなと思っています。」口語を交ぜている。メール気分なのだ。「肥前華子」のほうは、ＰＣソフトで作成している（資料Ⅰ-2-6参照）。おそらく、テンプレートに乗って作成したのだろう。しかし、書き手の粗放が散見している。次のように、である。

①　脱字………　「日本国語教育学会第3回西日本集会（長崎大会）」は、「第39回」の間違いである。（傍点部の表記は原典のまま…引用者）

「三六年前の大会の参加申込みをしてどうするの。」と諭すと、周囲は笑っていたが、当人は顔を上げなかった。彼女は、腰を落ち着けて、添え状を作成していない。ＰＣ入力なら、音楽を聴きながら、スナック菓子をつまみながら、添え状を書くことができる。もしそうだとしたら、単なる不注意による脱字ではない。起こるべくして起こった脱字である。

②　書式の混在……　日付、宛名、差出人、標題の書き位置は、公用文の書式通りである。それに無理やり、今回の条件を押し込んでいる。公用文書式に拠ると、今回の場合では、無理が出る。たとえば、法人組織であるなら法人名や肩書がくるべきところに、資料Ⅰ-2-6では住所がきている。しかも相手方住所には「長崎大学教育学部」が抜けている。住所としても不十分である。

送付の説明にあたる文章には、私信の要素（頭語、時候の挨拶、結語）が使われている。しかも、横書きにしている。

さらに、中央寄せのレイアウトになっている。中央寄せになっているのは、ＰＣソフ

資料Ⅰ-2-6　「肥前華子」の添え状（5月）

平成26年5月25日

〒852-8521
長崎市文教町1－14
鈴木　慶子様

〒852-8　3□
長崎県長崎市□町3 3－□

応募書類の送付について

拝啓
立夏の候、鈴木先生にはますますご健勝のこととお慶び申し上げます。
私、長崎大学教育学部に在籍しています2年生の肥前　華子と申します。
この度、日本国語教育学会第3回西日本集会（長崎大会）に参加させていただきたいと思いますので、宜しくお願い致します。

本日は以下の書類を送付させていただきます。

敬具

記

参加申込書　一枚

以上

トに依存しきっている証拠である。一見して、チグハグな感じである。おそらく、どこかのサイトから添え状のテンプレートをダウンロードして、適当に編集して十分に吟味することなく、郵送したのであろう。書き手の投げ遣りな取り組み態度が透けている。

標題に「応募」を使っている。これは、資料Ⅰ-2-5の場合と同様である。私は、募集していない。「参加しなさい」と指示したのだ。

③ ずさんな語用…

封筒の表書きでは「鈴木慶子様」と書き、添え状は「鈴木先生」と書いている。この不統一は、自分自身の判断に基づいているのか。

また、資料Ⅰ-2-6では、「私、長崎大学教育学部に在籍している2年生の肥前華子［仮名］と申します。（傍点部の表記は原典のまま…引用者）」としている。なぜ、ここで、空々しく名乗らないといけないのか。「肥前華子」と「鈴木慶子」とは、一年以上、学生と教師との関係であるからだ。まるで見ず知らずの人に書簡を送るような文面は、「鈴木慶子」への私信としては変である。たとえば、「毎週、中等書写法で御指導いただき、ありがとうございます。」などと、書くべきだ。その判断がつかないらしい。

④ 無頓着な表記…

「ご健勝」「宜しく」「致します」の表記を使っている。「2年生」では算用数字を使い、「一枚」では漢数字を使っている。

これらの表記は、書き手自身の判断に基づいているのか。テンプレートに乗っているだけなのか。あるいは、PCソフトの変換機能に依存しているだけなのか。五〇円切手を貼った学生が「コンビニには五〇円切手しか売ってなかったから」と言い訳したように、この学生は「ＰＣソフトがそうなっていました」とでも言うのであろうか。「日本語の漢字仮名交じり文におけるそれぞれの語の正しい書き表し方」を表記法と呼ぶ。日本語には厳密な意味での正書法を確立することは困難である、とする考え方[2]もある。しかし、だからと言って、ＰＣソフトの表記法及び統語法を無自覚、無批判に受け入れてよいのか。

自分自身の表記の原則を身につけている者が、自分自身の原則に照らして、ＰＣソフトの提示する候補の中から選択する。それが人格のある言語使用というものである。自分自身の表記の原則を持っていない者が、ＰＣソフトの表記法を無自覚、無批判に受け入れたのでは、ＰＣに従属しているのと同様である。

ＰＣソフトで文書を作成すると、却って漢字が多用されるようになったという。この現象は、ＰＣソフトの表記法に依存している証拠である。学生の提出するレポートにも言える。「辿る」だの「遡る」だのは、学生は、手書きでなら書かない。手書きでなら、「たどる」「さかのぼる」と書く。たとえ漢字が書けたとしても、適切な送り仮名を送ることもできないだろう。つまり、「書けない漢字」もＰＣソフトは表記してくれる。また、学生に、単独で「辿る」「遡る」をテストしたら、読めない者がかなりいるだろう。つまり、「読めない漢字」までＰＣソフトは表記してくれるのだ。

さらに、自力では限られた期間ではとても書けないような長文も、ＰＣソフトはそれを可能にした。最近の学生は、提出するレポートについて、枚数では、文句を言わなくなった。一〇枚でも、二〇枚でも、一見して体裁のよいものを持ってくる。しかし、実は、「コピペ」で継ぎはぎした虚偽の内容である。

二十年前、学生が手書きでレポートを書いていた頃は、期末のレポートでも、大概、Ａ４判レポート用紙で四枚程度を指定していた。今にしたら、「楽勝」の枚数である。

しかし、四枚程度のレポートでも、修正液で消した跡のない浄書を作るためには、完成度の高い下書きを作っておかないといけなかった。誤字脱字がない。用語の一貫性がある。レイアウトが整っている。落ち着いた筆跡で書かれている。それだけできていれば、不思議と、内容も充実しているものが多かった気がする。

［注］

1　文部省『筆順指導の手びき』（博文堂出版　一九五八年）九二頁に、次のようにある。
「長＝｜　一　一　一　一……　」（傍線は、引用者。原典は横書き）。

2　国語教育研究所編『国語教育研究大辞典』（明治図書　一九八八年）の「正書法」（武部良明担当　五四五頁）の項を参照した。

第三章　「書写」に何ができるのか
――私の「書写」観の変化――

第一節　この学生に対して、何を指導するのか

こういう学生に対して、従来のような「書写」を指導すべきなのだろうか、と私は悩んだ。

本部第一章で述べたように、学生は、手書きする機会も、手書きする必要もない社会に生きている。学生は、手書きしない生活に少しも不安を感じていない。こういう学生に対して、従来のような「書写」を指導すべきなのだろうか。

私は、本部第二章で述べた学生の実態を前にして、従来のような「書写」を指導するのが空しくなった。

彼らは、郵便システムを使う必要を感じていない。郵送する書類に、添え状をつけるというマナーも知らない。

彼らの生活は、メールの送受信で用が足りる。その生活から外へ出て行こうとしない。メールで付き合える

範囲内で生きている。メール感覚が許される範囲で浮遊しているのだ。メール感覚が許されない人間関係や、既に、構築されている社会の仕組み、ひいては歴史の重みや文化の存在を知ろうとしない。視野が狭く、未熟である。きわめて想像力に乏しい。

その状態を放置して手書きの技術だけを指導することは、何とも空しい。この状態の学生に対して、手書きの技術を注入したとしても、彼らは教室を一歩出れば、スマホ三昧、ＰＣ依存の生活に戻るだけだからだ。その生活では、手書きに用はない。手書きする主体を育てるのでなければ、手書きの技術の指導は、無意味である。

第一項　手書きの技術の指導は、孤立的でよいのか

たとえば、切手二〇円分を貼って投函した「長崎太郎」に対して、従来のような「書写」の指導が本当に意味を持つのだろうか。

学習指導要領の「書写」の指導事項を、次にあげる。

現行の『小学校学習指導要領』「書写」の指導事項は、左記である（ただし、＊は、毛筆を使用した書写に関する指導事項である。）。

資料Ⅰ-3-1　小学校低学年「書写」の指導事項

〔第一学年及び第二学年〕

（2）　書写に関する次の事項について指導する。

ア　姿勢や筆記具の持ち方を正しくし、文字の形に注意しながら、丁寧に書くこと。

イ　点画の長短や方向、接し方や交わり方などに注意して、筆順に従って文字を正しく書くこと。
（文部科学省『小学校学習指導要領』二〇〇八年　二一頁　原典は、横書き。）

資料Ⅰ-3-2　小学校中学年「書写」の指導事項

〔第三学年及び第四学年〕
（2）書写に関する次の事項について指導する。
ア　文字の組立て方を理解し、形を整えて書くこと。
イ　漢字や仮名の大きさ、配列に注意して書くこと。
ウ　点画の種類を理解するとともに、毛筆を使用して筆圧などに注意して書くこと。［＊…引用者］
（文部科学省『小学校学習指導要領』二〇〇八年　二四頁　原典は、横書き。）

資料Ⅰ-3-3　小学校高学年「書写」の指導事項

〔第五学年及び第六学年〕
（2）書写に関する次の事項について指導する。
ア　用紙全体との関係に注意し、文字の大きさや配列などを決めるとともに、書く速さを意識して書くこと。
イ　目的に応じて使用する筆記具を選び、その特徴を生かして書くこと。
ウ　毛筆を使用して、穂先の動きと点画のつながりを意識して書くこと。［＊…引用者］
（文部科学省『小学校学習指導要領』二〇〇八年　二七頁　原典は、横書き。）

現行の『中学校学習指導要領』「書写」の指導事項は、左記である。

資料Ⅰ-3-4　中学校第一学年「書写」の指導事項

〔第一学年〕
（2）書写に関する次の事項について指導する。
ア　字形を整え、文字の大きさ、配列などについて理解して、楷書で書くこと。
イ　漢字の行書の基礎的な書き方を理解して書くこと。
（文部科学省『中学校学習指導要領』二〇〇八年　二三頁　原典は、横書き。）

資料Ⅰ-3-5　中学校第二学年「書写」の指導事項

〔第二学年〕
（2）書写に関する次の事項について指導する。
ア　漢字の行書とそれに調和した仮名の書き方を理解して、読みやすく速く書くこと。
イ　目的や必要に応じて、楷書又は行書を選んで書くこと。
（文部科学省『中学校学習指導要領』二〇〇八年　二五頁　原典は、横書き。）

資料Ⅰ-3-6　中学校第三学年「書写」の指導事項

〔第三学年〕
（2）書写に関する次の事項について指導する。
ア　身の回りの多様な文字に関心をもち、効果的に文字を書くこと。
（文部科学省『中学校学習指導要領』二〇〇八年　二八頁　原典は、横書き。）

以上のように、学習指導要領に列挙された「書写」の指導事項は、手書きの技術に関する内容ばかりである。「～注意して、……書くこと。」「～意識して、……書くこと。」「～理解して、……書くこと。」とあるから、手書きの技術に関する内容ばかりでない、という反論もあるだろう。果たして、そうか。

「～」には、「手書きの技術の原理」と言い換えることができる語が入っている。つまり、「手書きの技術の原理に注意して、……書くこと。」「手書きの技術の原理を意識して、書くこと。」「手書きの技術の原理を理解して、……書くこと。」なのである。従って、学習指導要領の「書写」の指導事項には、手書きの技術に関する内容が列挙されているのである。

ここで、もう一度、「長崎太郎」の書いた資料1-2-5を見よう。ここまで見苦しい状況を、学習指導要領に列挙された指導事項に即した指導によって変えることができるのか。まさか、である。

仮に、学習指導要領に列挙された指導事項に関して、**資料Ⅰ-3-7**のように、一定水準以上を満たすことができたとしよう。これを、どう見るか。

資料Ⅰ-3-7は、「長崎太郎」が使っていた〈言葉〉遣いを全く変えていない。つまり、筆跡だけを、学習指導要領に列挙された指導事項に関して一定水準以上を満たしているものに差し替えてみた。（私が手書きした。技術的に一定水準に達していないという反論もあるだろうが、ここでは議論のための仮定として認めていただこう。「長崎太郎」が使用したコピー用紙に書いた。なお、『小学校学習指導要領』に指導事項としてあげられている「用紙全体との関係に注意し」たため、多少字詰めが異なっている。）

つまり、「長崎太郎」が、資料Ⅰ-2-5の状態から、資料Ⅰ-3-7の状態に変容したとしよう。「字だけはうまくなったわね。」の状態となった。それで、よいのか。この状態で、「書写」の指導は、満足してよいのか。

学習指導要領に列挙された「書写」の指導事項に即した指導では、ここで満足しておかなければならないのだ。「書写」が手書きの技術に関する指導なのだから、ここまでが限界なのである。すなわち、これが、従来のような「書写」の指導なのである。そのように孤立した指導は、意味を持つのか。

資料Ⅰ-3-7を、再度、見てみよう。

筆跡はある程度整っているが、書式、文体等は出来損ないである。明らかな誤字脱字もある。

彼と面識のない人がこの書面を受け取ったとしたら、「長崎太郎」をどういう人間だと想像するのだろうか。

資料Ⅰ-3-7 「字だけはうまくなったわね。」の添え状

平成26年5月24日 現在

長崎大学教育学部
鈴木慶子様

日本国語教育学会 第39回西日本集会について。

拝啓

この度、私は 中等書写法を履修するものとして上記の講演会に応募させていただきました。今回、私は講演を開き、「言語活動」につって学びたいと考えています。近年、国語教育の活性化には「言語活動」が必要であると開きますが、私の中でそれが何なのかを明確に理解出来ていません。なので、今回の講演で少しでも手がかりをつかめたら良いなと思っています。よろしくお願いします。

敬具

どこかバランスを欠いた危うい人間だと想像するだろう。少なくとも、大事な相談の相手には、「長崎太郎」を選ばないだろう。

書式、文体等のレベルと、手書きの技術のレベルとが不釣り合いなのだ。そこに起因する〈おかしさ〉が漂っているからだ。これでは、現実のコミュニケーションにおいて悪影響を及ぼしかねない。

私は、資料Ⅰ-3-7を書きながら、相当のストレスを感じた。「日付に、『現在』を、なぜ、付けるの？」「標題に、句点（。）が、なぜ、必要なの？」「改行しないで、どこまで、書くの？」「『聞』と『開』とを、どうして、間違うの？」「『つて』では、『い』が抜けてるわ！」「『なので、』って、ここでは使えない！」……と。

彼が使った紙は、コピー用紙だ。これに、書くのは一苦労だった。私が普段使っている万年筆では、文字がにじんでしまう。いろいろ試して、結局、「長崎太郎」が使ったものと同じゲルインキのペンで書いた。コピー用紙との相性がいま一つ良くない。先端に入っているボールの動きがぎこちないのだ。私の書字のスピードに適していないのか、紙にインクが載りにくい。だから、ペンが思い通りに進まない。文字が堅くなった。腕も痛くなった。彼は、そういうことを感じないで書けるのだろう。

彼の誤字脱字をそのままにして写す。彼の舌足らずの文章に手を入れずに写す。この行為には、気持ちが悪くなった。自分なら、こうは書かないとか、これはおかしいとか。ここでは読点（、）を打つべきだとか、改行しないといけないとか。自分の〈手〉で、感心できない状態をそっくりそのまま書き写すことは、思いの外、我慢のいることであった。私自身が持っている言語感覚の許容範囲を超えて、受け容れ難いからだ。

なぜなら、私の中には、私自身の〈スタイル〉が存在する。だから、私自身の〈スタイル〉とは相容れない「長崎太郎」の〈スタイル〉を拒否したのだ。異物に対する反射である。

手書きするということは、このくらい認知と密接につながっている。

次に、この場合を考えよう。

普段、私が手紙をやりとりしている知人が、これを受け取ったら、どう感じるだろう。筆跡は普段とあまり変わらないが、書式、文体等が鈴木の普段とは全く異なる。これを受け取ったとしたら、間違いなく、奇異な感じを覚えるだろう。

「日付に、『現在』を、付けている。今までは、こんなことはなかった。」「標題に、句点（。）を付けている。今までは、こんなことはなかった。」「改行しないで、最後までだらりと書いている。今までは、こんなことはなかった。」「『聞』と『開』とを、二回も間違っている。どうしたのだろう。」「『つて』には、『い』が抜けている。どうしたのだろう。」「『なので、』って、変だぞ！」……と。

使っている便箋も、違う。ただのコピー用紙を使っている。ペンも、いつもの万年筆でない。文字も幾分か堅い。怪我でもしたのか。何か不便な場所で書いたのか。

普段、私が手紙をやりとりしている知人であれば、「何かあったのだろう。」と心配して、すぐに電話をかけてくるだろう。電話で会話しながら、注意深く、鈴木の様子を確かめるだろう。

つまり、資料I-3-7に、鈴木の筆跡を被った「非鈴木」を感じるからである。

普段の鈴木からの手紙には、鈴木という人間が記号化されている。手紙を書くタイミング。手紙の内容。それを構成する文体や書式。文体や書式を形成する筆跡。筆跡を筆記する筆記具。筆跡が筆記される便箋。……。鈴木という人間が、これらすべてをコントロールしている。コントロールした結果が、鈴木の手紙に凝縮されている。その普段の手紙とは、別物だ。つまり、資料Ⅰ－3－7は、鈴木自筆を装った紛い物である。

筆跡は、書き手の〈スタイル〉の一部なのである。添え状の事例で見てきたように、筆跡が関わる書面には、知的な感覚、経験や判断、及び社会性が表出しやすい。一人間の保持している《文化》が表出していると言ってよい。そこには、当然、その人間が享受している歴史や文化をうかがい知ることができるだろう。歴史や文化を享受することも、自分自身でコントロールできるからである。

すなわち、手書きした手紙を送ることは、書き手の《文化度》をさらけ出したコミュニケーション活動である。であるならば、手書きの技術を、コミュニケーション活動の総体から孤立させて指導することは、甚だ滑稽である。そのことが資料Ⅰ－3－7を見ると、容易に理解できるだろう。

第二項　「肥前華子」の変貌

私は、「中等書写法」で添え状を扱った時に、従来のような「書写」の指導をしていない。そもそも、彼女は、PCで作成した添え状を提出したのだから、筆跡の整え方を指導しようがない。つまり、学習指導要領に記載されている指導事項を指導するには至っていない。その代わり、添え状を発信する主体として、留意すべきことを指導した。具体的には、前述した内容である。

その後、学期末に、「肥前華子」は、最終レポートを、次のような封書で郵送してきた（**資料Ⅰ－3－8～資料Ⅰ－3－10**）。これには、主体としての芽生えが感じられる。主体が育ち始めると、別人のように書けるのだ。たとえば、次の点だ。五月の時（資料Ⅰ-2-3、資料Ⅰ-2-4、資料Ⅰ-2-6）と、比較して述べる。

〈封筒の表書きと裏書き〉

① 筆跡には、落ち着きがある。投げ遣りな書きぶりが影を潜めている。書くべきことが頭に入っているのだろう。郵便を送るという作業を、本気で行っていることがわかる。このようなことに信頼が寄せられるということが理解できたのだろう。

② レイアウトには、読みやすさがある。使った封筒に適した筆記具が選ばれている。宛先、及び第三者（郵便配達人、教育学部事務職員等）を意識できているのであろう。

③ 宛先につける敬称を「先生」としている。これは、宛先との待遇関係を意識できているのであろう。

④ 添え書きがある。これは、宛先の仕事を見越した配慮ができているのだろう。

⑤ 〆がある。これは、宛先に届けられるまでの万が一の不慮を意識できているのだろう。

⑥ 日付がついている。裏書きの日付と添え状の日付とを一致させている。自分の作業の一貫性を意識できているのであろう。

資料Ⅰ-3-8　「肥前華子」の封筒表（8月）

資料Ⅰ-3-9　「肥前華子」の封筒裏（8月）

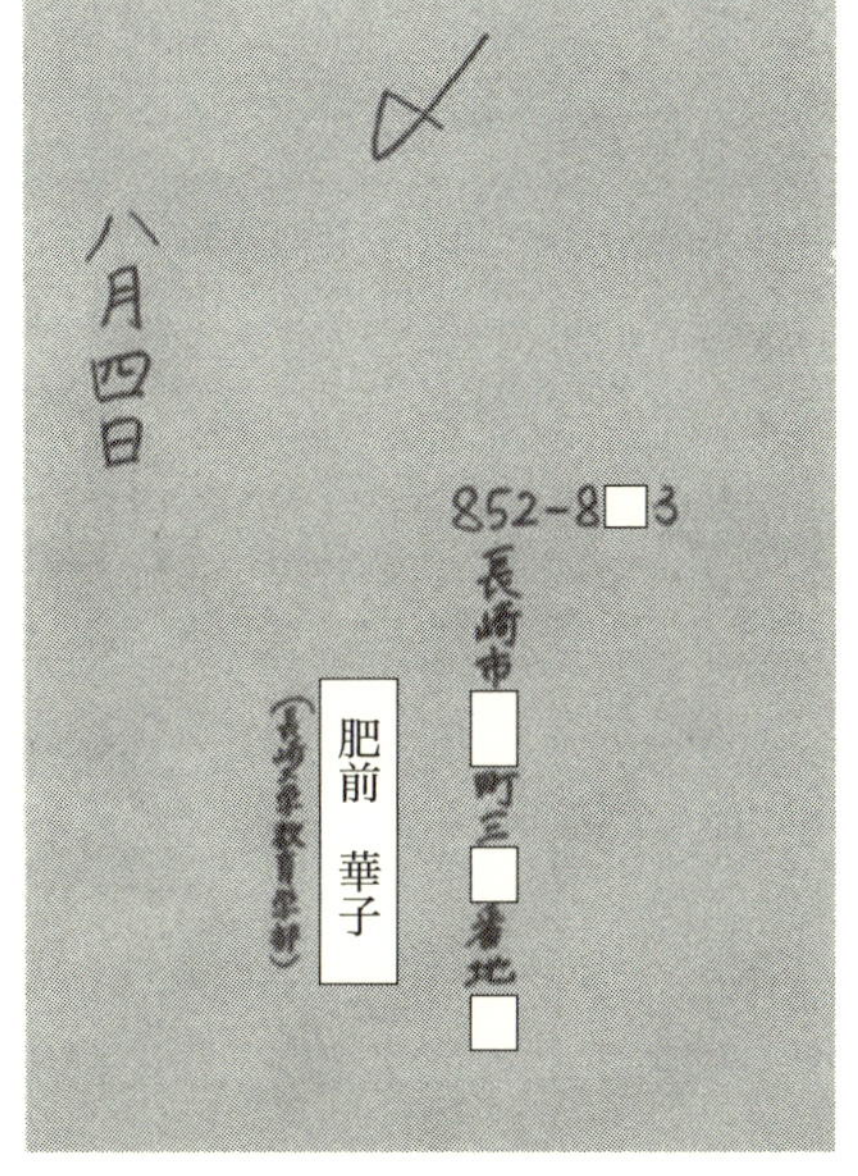

〈添え状〉

① 手書きである。縦書きにしている。教師への私信であるという場面を意識できているのであろう。

② 文言が要を得て、簡である。添え状の目的、及び添え状を送る相手との関係が明確に理解できたのであろう。こういう添え状を書くことが、何よりも書き手自身の賢明さを表すということが理解できたのだろう。

資料Ⅰ-3-10　「肥前華子」の添え状（8月）

拝啓　残暑の候、鈴木先生におかれましてはますます御清祥のことお慶び申し上げます。

日頃、中等書写法で御指導いただき誠にありがとうございます。

授業で御指示がありました通り小学習記録を同封いたしますのでお目通し下さい。

今後も御指導のほどよろしくお願い申し上げます。

敬具

平成二十六年　八月四日

中学校教育コース

肥前　華子

鈴木慶子先生

この状態なら、私は、筆跡をより良くする指導をしたい。「肥前華子」には、封書を送る目的意識、相手意識、場面意識、方法意識が萌え出ているからだ。つまり、主体が育ち始めている。「肥前華子」は、自分自身の筆跡をより良くすることが、自分自身の《文化度》を上げる手段となることに気がついた。そして、自分自身の《文化度》を上げるために、筆跡をより良くしたいという意欲が出てきている。したがって、「肥前華子」は、筆跡をより良くする指導を受容することができるであろう。

彼女の学習記録には、次のようにあった（**資料Ⅰ-3-11、資料Ⅰ-3-12**参照）。

資料Ⅰ-3-11　「中等書写法」7／22　「肥前華子」の学習記録

今日は、私の封筒が材料に出され、自分の教養のなさが露見して、とても恥ずかしかった。しかし、個人指導をしていただいたも同然でとても学ぶことが多かったです。来週も肥前華子さんの添え状（本文）が教材になると思うので、恥ずかしくない大人になるために覚悟していきます！〔傍点は、引用者。〕

資料Ⅰ-3-12　「中等書写法」7／29　「肥前華子」の学習記録

今日提出したレポートに不備があったので、最後の個人レポートは満点を目指す。そのために自分で信用のおける情報を探し出して学習記録を提出したいと思います。二週連続して顔を上げられないくらい恥ずかしくて、自分の常識のなさと情報選択の甘さを反省しました。教師になることだけでなく常識ある大人になるために、学んだことを自分で消化して応用できるようになります。〔傍点は、引用者。〕

添え状を書いて郵送するという行動には、知的な感覚、経験や判断、及び社会性の程度が暴露されてしまうという恐ろしさがある。それに、彼女は、気が付いている。ひいて言えば、手紙によるコミュニケーションの深みをのぞいたのだ。

彼女の言う「恥ずかしくない大人」「常識ある大人」とは、いわば、「歴史や文化を享受し、それを適切にコントロールできる主体」である。つまり、《文化度》の高い主体である。

ＰＣ依存が進行する時代の「書写」の目標は、手書きを通して、《文化度》の高い主体を育てることである。手書きを通して、コミュニケーションの主体を育てる。手書きを通して、コミュニケーションの主体を鍛えるのだ。それが、ＰＣ依存が進行する時代の「書写」である。

単なる手書きの技術を指導するだけでは、ＰＣ依存の進行する時代においては、「書写」は滅ぶ。

「書写」は、コミュニケーションのうち、「読み」と「書き」とに関わる。つまり、「書写」では、「読み書き」の主体を育てるべきであるのだ。筆跡をより良くする指導は、そのための方略なのである。

第二節　かつてはどう考えていたか

かつて（平成六年度頃）、私は、「書写」は見栄えよく手書きする技術を指導する領域だと、信じて疑わなかった。だから、そういう指導をしていた。

従来のような「書写」は、小学教則改正[1]以来の、書き方・習字の流れを汲む。いわゆる手本に即して、字面字様を模倣する。手書き書面の見栄えをよくすることに専心する。書面の〈言葉〉遣いや文体には、あまり執着しない。

かつての学生は、何より、より見栄えよく手書きできるようになりたいと願っていた。かつての学生の生活の中には、手書きする機会があったからだ。手書きが、コミュニケーション上の特別な価値を有していることを無意識に理解していたからである。

要するに、手書きが必要な生活の中で、学生は手書きする主体に成長していた。だから、私は、悩まず、迷わず、彼らにより見栄えよく手書きする技術を指導することができた。

第三節　今、どう考えるようになったか

平成一三(二〇〇一)年三月に発行された『インターネットで日本語はどうなるか』[2]という文献がある。その「はじめに」で、著者の一人である西垣通氏は、次のように述べている（**資料Ⅰ–3–13及び資料Ⅰ–3–14**参照）。

資料Ⅰ–3–13

（前略）
音声、手書き文字、活字、電子文字という四段階の変換プロセスは、あたかも生物の系統発生を個体発生がなぞるように、歴史上のプロセスと重なっている。たとえ私が手書き文字のかわりに最初からワープロで原稿を書いており、電子テキストを出版社に電子メールで送り、それが印刷されるとしても、その相違は便宜上の小さな逆転にすぎない。周知のように、われわれはいま、印刷技術に支えられた近代工業社会から、電子情報技術に支えられたデジタル社会への橋を渡っているのだ。いったい、この変換プロセスは何を意味するのだろうか。（後略）

（西垣通、ジョナサン・ルイス『インターネットで日本語はどうなるか』二〇〇一年　岩波書店　ⅶ〜ⅷ頁）

資料Ⅰ-3-14

（前略）

というわけで、活字から電子文字への変換でも同じことが言えるのだ。活字は音声よりはるかに「デジタル化」されてはいるが、それでも手書き文字の図像イメージの一般形であり、それゆえ身体的なアナログの性質をとどめている。だが、これが0と1からなる文字コードに変換されたとき、言葉のデジタル化は完成する。もはや、電子文字となった言葉は永遠に保存され、送受信され、編集されることができる。だがその代わりに、失われるものもある。それは、複雑多様な活字のあいだの繊細微妙な相違だろう。

問題はここにある。「デジタル化（記号化）」とは本来、同じ意味作用を持つとみなせる対象を「包摂（ユイファイ）」していく操作だ。その長所は雑音に強く、コミュニケーションの射程が長いことだが、一方、短所は微妙な部分が捨象されてしまうことだ。（後略）

（西垣通、ジョナサン・ルイス『インターネットで日本語はどうなるか』二〇〇一年　岩波書店　ix頁）

ここで、西垣氏は、手書きすることと、「最初からワープロで原稿を書」くこととの「相違は便宜上の小さな逆転にすぎない。」と言っている。本当にそうだろうか。

それが言えるのは、ＰＣから自律した主体を持っている人間の場合ではないか。「包摂（ユイファイ）」しても、なお、意味ある内容を有している《文化》を持っている状態の場合にあてはまるのではないか。

私が、本書でこれまで述べてきたような実態からは、「小さな」とは言い難い―〈危険〉―が見えてきた。西垣氏の言うデジタル社会では、「長崎太郎」が書いた資料Ⅰ-2-5と、「字だけはうまくなったわね。」の資料Ⅰ-3-7とは、同一の意味を表すものとなる。この谷間に飛ばされたものに、重大な〈危険〉が潜んでいる。

デジタル社会の申し子であるインターネットやスマホでは、主体を赤裸々にすることなく、コミュニケーションを行うことができる。「恥ずかしい大人」を覆い隠して発信することができるから、「恥ずかしい」状態のままでいられる。「常識がない」状態でも、堂々と発信ができるから、意味ある内容を獲得することが乏しいのである。これを「小さな」とは、言ってはならない。

つまり、「恥ずかしい大人」「常識がない大人」は、ＰＣから自律した主体を確立することが先である。意味ある内容を自分自身の中に獲得しておくことが先決である。それが、ＰＣ依存に陥らないための基礎体力なのである。西垣氏の言う「電子情報技術が支えるデジタル社会」に埋没せず、意味ある内容を有する主体であるためには、《手書きさせる教育》が必要である。

書き手の《文化度》を表出するコミュニケーションの一方略として、「書写」を指導すべきである。これが、ＰＣ依存の進行する時代において、教育課程の中で意味を持つ「書写」の姿である。

具体的には、前述した添え状実践に即して述べる。

「肥前華子」は、最初に提出した添え状が俎上に載った時に、自分がコミュニケーションの主体として未熟であることに気が付いた。ここから、彼女は、《文化度》を上げるために猛然となった。

このレベルに達した彼女であるなら、筆跡をより良くする指導を受容することができるだろう。

しかし、この場合、従来のように、同じ文言の「手本」を与え、その模倣を繰り返すという「書写」の方法では、芽生え始めた主体が台無しになる。

手書きの技術の錬磨のみが孤立した「書写」の方法では、芽生え始めた主体がふいになる。コミュニケーションの主体を育てるための方法が必要なのである。この方法を第Ⅱ部で提案する。

資料Ⅰ-3-11および資料Ⅰ-3-12は、「肥前華子」によると、「等身大でできる最高の気配りをした」(最終レポート受理後の面接での彼女の言葉)状態なのだという。したがって、この状態の彼女なら、次のような指導が受容できるであろう。以下では、「肥前華子」に対する指導の第一次案をあげる。

この第一次案の要点は、次の三点である。

① 彼女の手書きしたい文言に即すること。

② その筆跡を洗練させるために資料や手立てを提示すること。

③ 並びに、資料に即した演示等の〈身体〉的な指導を行うことである。

なお、本稿では、指導における着眼点のみを示すに止め、別の機会に詳述したい。

(一) まずは、手書き文字の歴史的文化的価値、及び審美的な法則に気づかせる。

字源資料や古典名跡及び古典名筆を提示し、工業デザイン(活字やフォント)としての文字とは異なる視点から手書き文字を捉えさせる。つまり、手書き行為の歴史的文化的価値に出会わせる。その上で、それらの審美的な法則に気づかせる。

なお、以下では参考までに、書道史上、評価が定まっている整斉な楷書古典[3]及び端正な仮名古典[4]の該当文字を示す(『角川書道字典』から引用。)。

併せて、『字統』から、『説文解字』に収載されている文字資料[冒頭]、甲骨文[◉]、金文[◎]、及びそれ以外の文字資料[○]を引用する。仮名については、『角川書道字典』に収載されている「万葉仮名文書」及び「藤原有年申文」の該当文字を引用する。

（二）前項（一）によって感受したことを表出させる。

（三）たとえば、「子」に関しては、次のようにである。

資料Ｉ−3−15　「肥前華子」の「子」と、古典の該当文字

本文	表書き
「学習記録」	「教育学部」
「慶子先生」	「慶子先生」

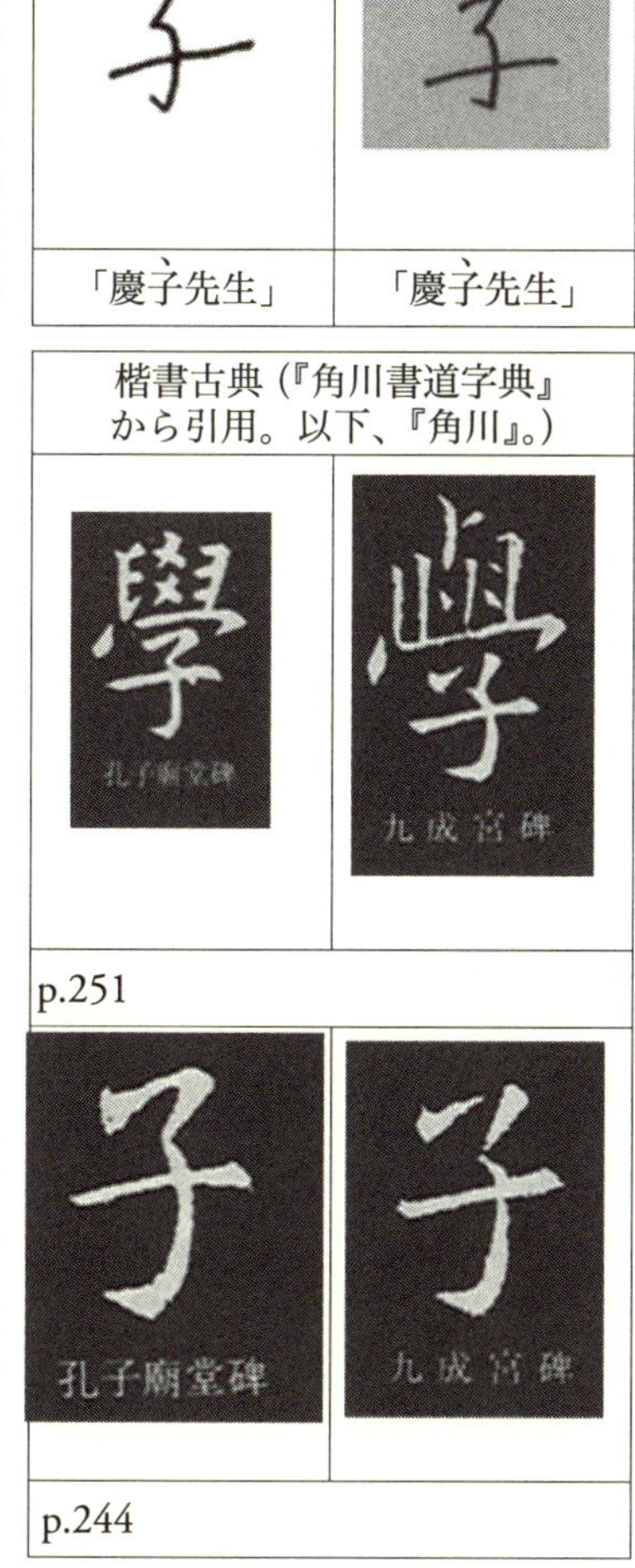

楷書古典（『角川書道字典』から引用。以下、『角川』。）	
p.251	
p.244	

資料Ｉ−3−16　字源（『字統』から引用。以下、『字統』。）

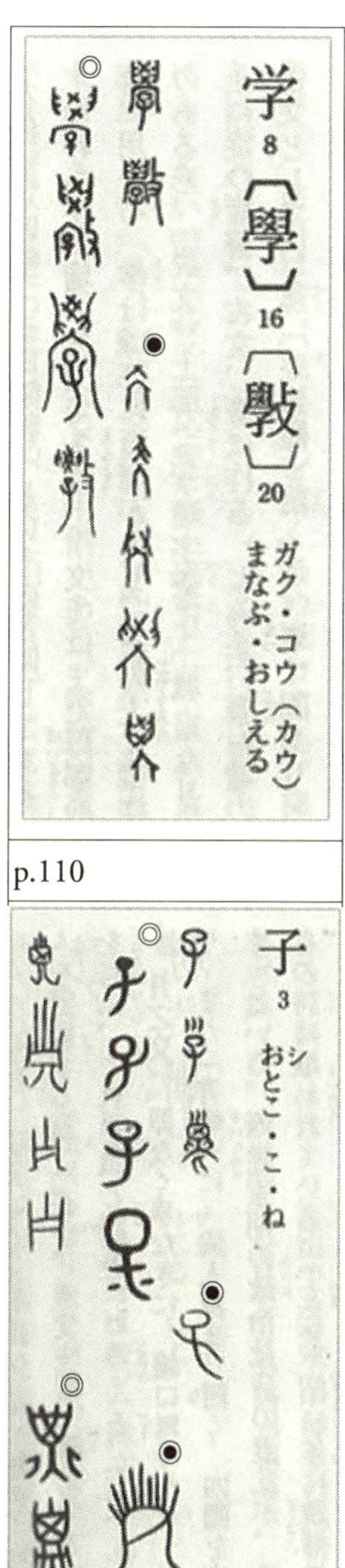

p.110

p.358

① 今の「肥前華子」が書いている「子」、及び「学」の「子」の部分は、古典名跡に比較して、幅を取りすぎている（最終画「一」が長すぎる）。重心も低い。

② 古典名跡の該当文字は、最終画「一」が長すぎない。最終画「一」は、字源によれば、「生子」の腕に対応する。頭に手が届かない「生子」の姿を描いたと言われる。

③ 古典名跡を観察すると、第二画と最終画「一」とは、均等に交差してはいない。「子」の縦中心線を想定し、それに均衡が取れるように、最終画「一」が交差されている。

④ 第二画との交差位置は高い。前項③との相乗効果で、左下の空間が広い。

⑤ 今の「肥前華子」が書いている「教」の「子」の部分は、一字の部分になったにも関わらず、単体の場合と同じ書き方をしている。

資料Ⅰ-3-17　「肥前華子」の「教」と、古典の該当文字

本文	表書き
教	教
「中学校教育コース」	「文教町」
	教
	「教育学部」

楷書古典（『角川』）	
教 孔子廟堂碑	教 皇甫誕碑
p.455	

資料Ⅰ-3-18　「教」の字源（『字統』）

教 11 〔教〕 11　キョウ（ケウ）・コウ（カウ）　おしえる

p.195

⑥　古典名跡を観察すると、「教」のように「子」が偏になる時は、「子」の幅を狭くし、最終画を短く右上がりの払いになっている。

⑦　他の偏の最終画「一」についても、同様の法則が観察される（「鈴木」「記録」「同封」）。

（四）「長崎大学」「先生」「誠に」に関しては、次のようにである。（横画と交差する場合、被交差画の外方への長さの出し方）

資料Ⅰ-3-19　「肥前華子」の「大」「先生」「誠」と、古典の該当文字

本文	表書き		
誠	生	先	大
「誠に」	「先生」	「先生」	「長崎大学」

楷書古典（『角川』）			
誠 九成宮碑	生 九成宮碑	先 孔子廟堂碑	大 孔子廟堂碑
誠 孟法師碑	生 孟法師碑	先 孟法師碑	大 伊闕佛龕碑
p.938	p.689	p.76	p.216

資料Ⅰ-3-20　「大」「先生」「誠」の字源（『字統』）

誠 13 〔誠〕14 セイ・ジョウ（ジャウ） まこと・まごころ	生 5 セイ・ショウ（シャウ） うまれる・いきる	先 6 セン さき・すすむ・むかし・まず	大 3 ダイ・タイ おおきい・さかん・すぐれる
p.500	p.493	p.515	p.570

⑧　今の「肥前華子」が書いている該当部分は、身体にたとえれば、首をすくめ手足が縮まっている状態である。

⑨　古典名跡を観察すると、被交差画が外方に長めに出ている。そのために、伸びやかな印象になっている。

（五）「鈴木」に関しては、次のようにである。

資料Ⅰ-3-21　「肥前華子」の「鈴」と、古典の該当文字

本文	表書き
 鈴	 鈴
「鈴木先生」	「鈴木慶子先生」
 鈴	
「鈴木慶子先生」	

楷書古典（『角川』）	
 令（九成宮碑）	 鈴（楚金禪師碑）
p. 36	p. 1054
 令（雁塔聖教序）	 令（雁塔聖教序）
p. 36	

⑩　今の「肥前華子」が書いている「鈴」の「令」に関して、左記⑪⑫の知識を与える。

⑪　小学校時代には、「令」は、片仮名の「マ」の字体で指導されてきた（「令」「冷」「領」。『小学校学習指導要領』中の「学

資料Ⅰ-3-22　「鈴」の字源（『字統』）

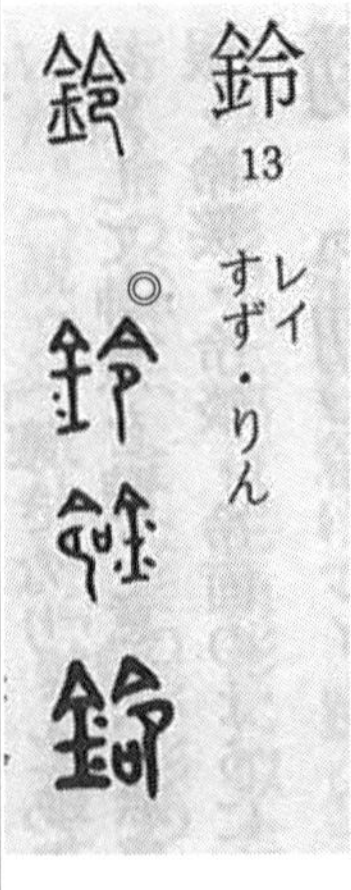

鈴　13　◎　レイ　すず・りん

p.898

年別漢字配当表」参照）。この延長で考えると、「鈴」となる。「常用漢字表」で示された字体は、「令」である。また、「常用漢字表」において、「許容される書き方」5として示されるのは、「マ」のほうである。

なお、古典名跡を観察すると、右表のような状況である。また、康熙字典では、「令」である。つまり、筆写の便宜によって、最適な字体が選択された。ここでは、正誤のレベルでない判断が働いている。

⑫ また、「人がしら」の接合部は、本文中の「鈴木先生」がよい。古典名跡を観察すると、運筆は、第一画に第二画を書き加えている。頂点のようにぴったり合わせていない。

㈥ 「等」に関しては、次のようにである。

⑬ 今の「肥前華子」の「等」の全横画のうち、最も長いのは第一〇画である。それも、「許容される書き方」5である。

⑭ 古典名跡を観察すると、第九画が最長である。そのことによって、重心が

資料Ⅰ−3−23 「肥前華子」の「等」と、古典の該当文字

本文
「中等書写法」
楷書古典（『角川』）
 蘇慈墓誌
p. 768
 孔子廟堂碑
p. 768

資料Ⅰ−3−24 「等」の字源（『字統』）

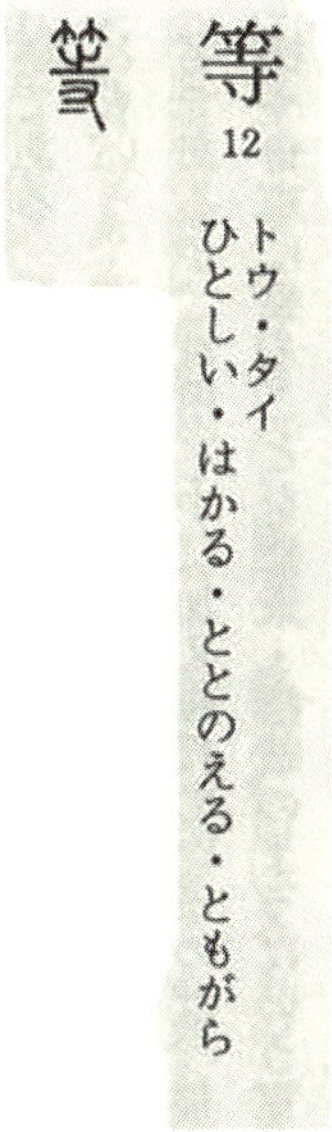

等 12 トウ・タイ ひとしい・はかる・ととのえる・ともがら

p. 648

高く見え、スマート感が出る。

（七）「御」に関しては、次のようにである。

⑮「御」を、左部、中央部、右部に分けて観察する。すると、今の「肥前華子」の「御」は、まるで、三者がつま先立ちをして、頭の高さを競っているような不安定なバランスを見せている。また、おそらく、彼女は、「節づくり」を「―」→「卩」の筆順で書いている。その

資料I-3-25 「肥前華子」の「御」と、古典の該当文字

資料I-3-26 「御」の字源（『字統』）

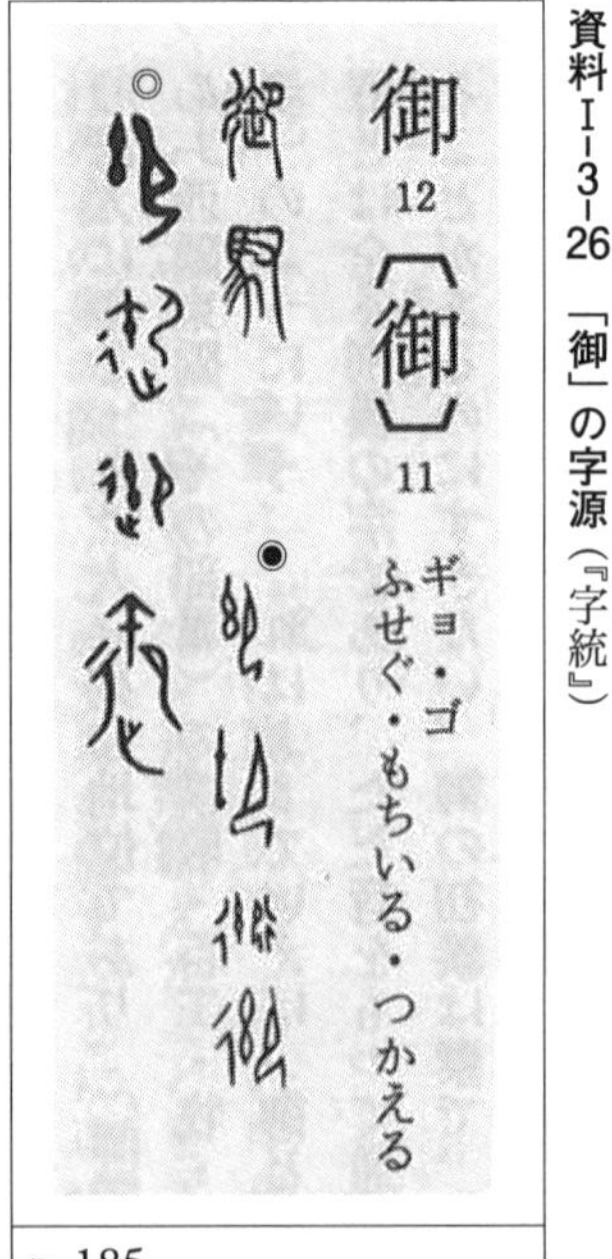

ために、「—」を書き出す位置が高く、バランスが不安定なのだろう。

⑯ 古典名跡を観察すると、「行にんべん」の幅が狭い。

⑰ また、「節つくり」は、中央部の第二画と第三画との中間を目処に書き始められている。さらに、「節づくり」の「—」によって、「御」の中央下部には空間ができている。

（八）「長崎」に関しては、次のようにである。

⑱ 今の「肥前華子」の「長」は、上部の横画間の間隔が不均等であり、かつやや胴長である。それは、本

資料Ⅰ-3-27　「肥前華子」の「長」と、古典の該当文字

表書き	楷書古典（『角川』）
長	長 九成宮碑
「長崎市」	
長	長 孟法師碑
「長崎大学」	p. 1065

資料Ⅰ-3-28　「長」の字源（『字統』）

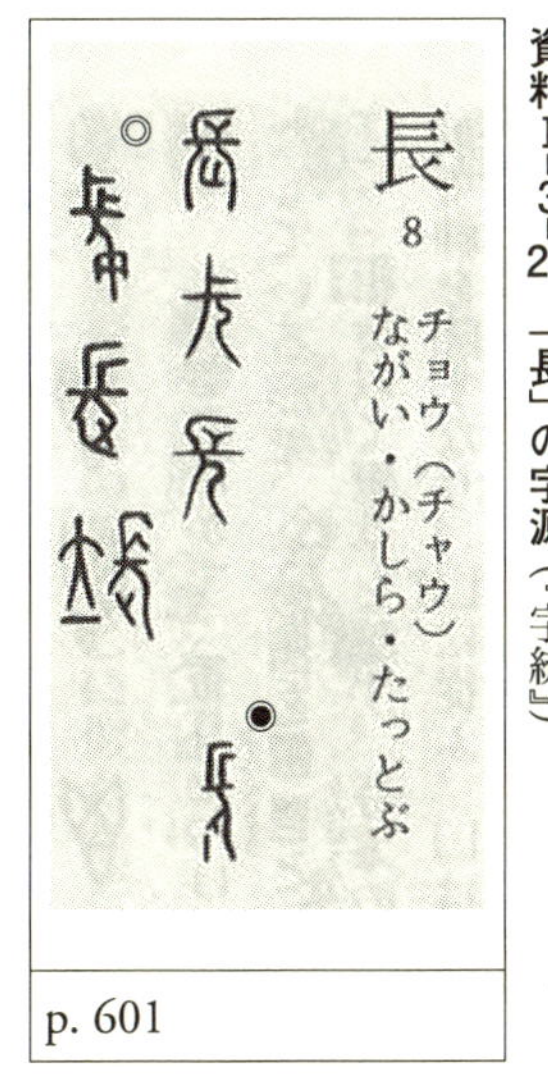

長
8
チョウ（チャウ）
ながい・かしら・たっとぶ

p. 601

部第一章でも述べたように、「長」の上部を、おそらく、「一」↓「一」↓「一」↓「一」↓「一」と書いているからである。

また、「長」の下部を、おそらく、「レ」↓「㇏（右払い）」↓「ノ」と書いているだろう。そのために、最終画の「右払い」が安定しないのだ。「右払い」は、一字の最終画あるいは部分の最終画であるゆえに、「右払い」となることを理解させる。つまり、体操における「フィニッシュ」のように。

⑲　古典名跡を観察すると、第二〜五画の間隔をあまり広げず均等にしている。その際の筆順は「丨」↓「一」↓「一」↓「一」↓「一」である。つまり、第一画（丨）に横画を書き加えている。そのことによって、横画と横画との間を平行にしやすく、上部をコンパクトにしやすい。

⑳　今の「肥前華子」の平仮名は、全く字源が意識されていない。彼女の平仮名は、まるで、符号の印を押したようである。

（九）　平仮名に関しては、次のようにである。

たとえば、彼女の「の」は、中途半端に開いた円に弦が引かれたような形状をしている。

「の」の字源は「乃」である。「乃」が草化して出来た。だから、彼女が一様に円弧にしている線のうち左下部から中央上部への弧は、元来、筆脈である。つまり、実線でつながっていなかった。あるいは、筆脈が露わになり、つながることもあった。

そのことが意識されれば、自ずと、「の」の書き方が変わるはずである。

また、彼女の「お」は、第二筆の縦線部分がほぼ中央に書かれている。縦線部分を中心にして、ほぼ左右対照にバランスを取っている。

「お」の字源は「於」である。「於」が草化して出来た。「於」は、偏と旁とで構成されている。第二筆の縦線は、草化された偏（左部に位置する）の一部分である。

そのことが意識されれば、自ずと、「お」の書き方が変わるはずである。

さらに、「れ」の字源は、「禮」である。「禮」が草化して出来た。「於」と同様に、「禮」は偏と旁とで構成されている。第一筆の縦線は、偏（左部に位置する）の一部分である。

そのことが意識されれば、自ずと、「れ」の書き方が変わるはずである。

以上のように、字源及び草化過程を提示し、書字の筆路をイメージさせる。そのことによって、書字の〈時間〉性と〈身体〉性を理解させる。

なお、「書字の〈時間〉性と〈身体〉性」については、第Ⅱ部で詳述する。

つまり、本節冒頭で述べたように、彼女の手書きしたい文言に即して、字源資料、古典名跡及び古典名筆を通過させる。字源資料、古典名跡及び古典名筆を参照しながら手書きすることは、視覚だけに止まらない〈身体〉的な《文化》の享受である。そのことによって、彼女の《文化度》を引き上げるのである。

資料Ⅰ-3-29

本文				
おかれましては	お慶び申し上げます。	おかれましては	御清祥のことと	残暑の候
	お願い申し上げます。	お目通し下さい。	御指導のほど	同封いたしますので

仮名古典(『角川』)					
高野切第一種	正倉院萬葉假名文書 藤原有年申文	高野切第一種	正倉院萬葉假名文書 藤原有年申文	高野切第一種 一種	正倉院萬葉假名文書 藤原有年申文
p.1315		p.1210	p.1209	p.1266	

本文			
す	す	す	び
同封いたしますので	お慶び申し上げます。	ますます	お慶び申し上げます。
す	す	す	
お願い申し上げます。	ありがとうございます。	ますます	

仮名古典（『角川』）				
高野切第一種	継色紙		高野切第一種	正倉院萬葉仮名文書 藤原有年申文
p.1234			p.1274	

［注］

1 「小学教則改正」は、明治六（一八七三）年五月に文部省から布達された。第八級（最下学年）「習字（テナラヒ）」の項には、次のようにある。なお、引用に際し、旧字体は、新字体に替えた。

> 習字（テナラヒ） 一週四時
> 手習草紙習字本習字初歩等ヲ以テ平仮名片仮名ヲ教フ但数字西洋数字ヲモ加ヘ教フベシ尤字形運筆ノミヲ主トシテ訓読ヲ授クルヲ要セス教師ハ巡廻シテ之ヲ親示ス
> 〔傍点は、引用者。〕
> （『書写・書道教育史資料 第三巻』一九七〇年 東京法令出版 三〇頁）

傍点部に、「字形運筆のみを主として指導し、訓読を指導する必要はない。」とある。

2 西垣通、ジョナサン・ルイス『インターネットで日本語はどうなるか』（二〇〇一年 岩波書店）の袖には、同書について、次のような紹介がされている。

> 昨今、改めて論じられている「英語公用語化論」。そもそも日本人にとって英語とは何なのか。21世紀にいかなる言語は広がり、いかなる言語は消えていくか。
> 本書では、ＩＴ（情報技術）の急速な発展、政治的・経済的グローバリゼーションによって、大きな変質を迫られている「われわれの言葉」のゆくえを、英語との関係、インターネット多言語処理環境、さらに機械翻訳など最新のコンピュータ技術の動向をふまえて論じる。世界中を巻き込んで、いまホットな論争を呼び起こしているテーマのイロハを、誰にも分かりやすく、丁寧に説明する絶好の概論書。

3　該当文字は、唐代の整斉な楷書古典「九成宮醴泉銘」(欧陽詢)、「孔子廟堂碑」(虞世南)、「雁塔聖教序」(褚遂良)から引用している。上記に該当文字がない場合には、「皇甫誕碑」(欧陽詢)、「孟法師碑」(褚遂良)等からも引用した。

4　該当文字は、平安期の端正な仮名古典「高野切第一種」から引用している。上記に該当文字がない場合には、『角川書道字典』に収載されている古典で最も古いものを引用した。

5　「改訂常用漢字表」(平成二二年一一月告示)の前書きには、「(付)字体についての解説」がある。ここでは、次の三本柱によって、印刷文字と正誤に関わらない印刷文字字形及び筆写習慣に関する説明がなされている。

第1　明朝体のデザイン
第2　明朝体と筆写の楷書との関係
第3　筆写の楷書と印刷文字字形の違いが、字体の違いに及ぶもの

以上をふまえて、正誤に関わらないものを、標準の字体に対する「許容される書き方」と称する。

例えば、「士」と「土」とでは、横画の長短が正誤に関わる。

一方、「寺」と「寺」では、第三画の長さと第四画の長さとの関係は、正誤に関わらない。よって、第四画が最大長であるものは、「許容される書き方」である。ただし、審美的な差異は生じる。

なお、「改訂常用漢字表」(平成二二年一一月告示)の「(付)字体についての解説」は、「常用漢字表」(昭和五六年一〇月告示)の「(付)字体についての解説」と、ほぼ同一である(「改訂常用漢字表」の方には、追加文字についての説明が添加された。)。つまり、標準の字体と「許容される書き方」との関係は、「常用漢字表」(昭和五六年一〇月告示)に考え方が引き継がれた。

第Ⅱ部

私の「書写」実践

―長崎大学「小学校書写」―

本書第Ⅱ部では、第Ⅰ部で述べた問題意識に基づき、「書写」授業の内容及び方法について、具体的に提案を行う。

対象とする授業科目は、長崎大学で開講している「小学校書写」である。

「小学校書写」では、コミュニケーション（読み書き）の主体を育てるために、手書きが不可欠であることを指導する。

そのために、「小学校書写」では、学生に大量に手書きを体験させる。人間の知的成熟にとって、手書きが不可欠だということを学生に分からせなければならないからである。

〈身体〉に〈言葉〉を蓄えるために、手書きでなければならないことを認識させる。《文化》を自らの〈身体〉に取り入れるためには、手書きでなければならないことを認識させるのだ。

「小学校書写」は、長崎大学では、小学校教諭免許状取得のために必修である。一単位（毎週一コマ九〇分を一五回）が必修である。

私は、その「小学校書写」を一人で担当している。担当しているクラスは、三つある。そのうち、二クラスは、小学校教育を主専攻とする一年生を対象としている。前期に開講する。クラスサイズは、八〇人（定員制）である。

残りの一クラスは、副免許として小学校教諭免許状を取得しようとする者や再履修生のためのクラスである。後期に開講している。クラスサイズは、年度によって多少異なるが、およそ二〇〜四〇人である。

つまり、長崎大学で小学校教諭免許状を取得する者は、全員、私が担当する「小学校書写」の単位を修得しなければならない。修得するために、学生は、大量に手書きさせられ、否が応でも手書きの意義を考えさせられる。

第一章　現実を直視させる

「小学校書写」の授業は、前期木曜日の昼休みを挟んだ二コマ目と三コマ目に行う。どちらも、大学に入学したばかりの小学校教育コース一年生が対象である。この学生を、第Ⅰ部で述べた「肥前華子」以上に変貌させることを目指している。手書きを通して、《文化》を獲得させる。スマホ三昧、ＰＣ依存の生活から、手書きを通して、《文化度》の高い状態に引き上げる。

そのために、私は、「小学校書写」の授業環境を、それが可能となる〈時空〉に仕立てる。つまり、手書きするのにふさわしい〈時空〉に整える。授業者である私は、その〈時空〉を、常に最適な状態に制御しなければならない。

「書写」は、一般的には、屈辱的な授業であるようだ。指導者も学習者も、目を合わせないようにして、手を抜いているらしい。学生に、自分が受けてきた「書写」の回想文を書かせている。そこには、毎年度必ず、次のような文章がある。

資料Ⅱ-0-1　学生が受けてきた「書写」①

書写の授業には、教師は必要か

私は、小学校・中学校の授業のみで書写を習ってきた。今現在、日常生活で、文字を書くことに関して、ほとんど困ることはない。

受けてきた授業を思い返してみると、私は、先生にどのようなことを教わってきたかをまるで思い出せない。記憶にあるのは、ひたすら授業中に、教科書を見ながら何枚も書き写してきただけだ。

一つだけ覚えているエピソードがある。小学校六年生の時に、とても習字が上手な女の子がいた。先生は、その児童の半紙を黒板にはり、「すばらしい。お手本のような字です。皆さんもこのような字を書きましょう。」とほめたたえた。先生は、結局、どこがどうよくて、そのためにはどう書いたら良いのか等を教えてくれなかった。結局、私の心の中には、劣等感と、「どうせ私なんか」というあきらめの気持ちしか残らなかった。

つまり、私の受けてきた授業のほとんどは、ただ教科書を見て書き写すだけの授業で、結局どう書いていけば良いのか等の具体的な書き方については、あまり習っていない。そう考えた時、それだけの授業ならば、「教師は、書写の授業に必要なのだろか」、ひいては「書写の授業は、はたして必要なのだろうか」という疑問にたどりついた。

〔傍点は、引用者。〕〔後　略〕

資料Ⅱ-0-2　学生が受けてきた「書写」②

小学校の頃、「書写」の授業が好きだという人はほとんどいなかったように思う。少なくとも、私の友人は、みんな体育だとか算数などといった教科が好きだと言っていた。確かに、私自身も小学校の頃は体育が好きで、昼休みも外に出て、サッカーをしていたような子どもだった。だから、「書写」を学ぶということに対して、あまり興味がわかなかったというのが、正直な気持ちである。〔傍点は、引用者。〕〔後　略〕

資料Ⅱ-0-3　学生が受けてきた「書写」③

私が小学校で受けてきた書写の授業は、ただ黙々と集中して文字を書くだけだった印象がある。だから、私は書写の授業について、楽しかったという記憶が無い。〔傍点は、引用者。〕〔後　略〕

「どのようなことを教わってきたかをまるで思い出せない」、「書写の授業は、はたして必要なのだろうか」、『書写』の授業が好きだという人はほとんどいなかった」、『書写』を学ぶということに対して、あまり興味がわかなかった」、「書写の授業について、楽しかったという記憶が無い」……。学生の回想には、このような言葉が並んでいる。これは、私にとって、屈辱的な事態である。

私が担当する「小学校書写」で、こんな思いを持たれるのは、堪らない。こんな思いを断ち切らせなければならない。

だから、私は、「小学校書写」の授業環境を、「書写」に向き合うのにふさわしい〈時空〉に整えるのだ。

長崎大学では、チャイムが鳴らない。長崎大学では、自分の時計によって、時間管理を行わせている。

私は開始時刻よりも一〇分弱早めに教室に行く。定刻に授業の本題を開始したいからである。当たり前のことである。しかし、実際にはそうでもないようだ。事実、学生が、「二〇分くらい遅れてくる先生も珍しくない」と言っていた。それから、おもむろに出欠を確認するので、授業の本題が始まるのは定刻よりも三〇分くらいは経過していると。

そういう緩んだ感覚では、手書きによって、《文化》を獲得させることができない。定刻に、授業の本題を開始するという緊張感が必要である。

教室に入ってみると、後部座席から埋まっている。前方の座席が空いている。前方の座席には着席せず、突っ立っている学生が多数いる。

まず、学生に指定座席表を配付する。専攻ごと、学生番号順に着席させる。学生は、「小学校書写」では座席指定されることを、上級生から聞いて事前に知っているので、静かに席に着く。

座席指定にする利点は、授業者の私にとって、次の三点である。

① 空席が欠席となるので、出欠の確認が瞬間的にできる。

② 座席番号順に提出や返却を行うので、成績評価作業が極めて能率的である。

③ 学生の名前と顔とその学生の学習状況とが一致するので、各学生の変容を把握しやすい。学生の変容を可視化する必須条件である。

自由に着席させない授業が、長崎大学には、「小学校書写」の他にいくつあるのだろうか。しかも、私の座席指定法では、隣席を空けて着席させる。まるで、試験の時のような着席の仕方である。

必要があれば、当然、協働、協議はさせる。しかし、協働、協議の必要のないときは、一人の〈時空〉が保たれる着席の仕方である。それが、「書写」に向き合うのにふさわしいのだ。

第一節　授業開き（第一回授業）

第一項　オリエンテーション――手書きする〈時空〉に立たせる――

定刻に、次のように切り出す。

「私は、『小学校書写』を担当する鈴木慶子です。皆さんは、『小学校書写』を受講する学生ですか。」

何人かが黙って、首を縦に振る。無反応な者が多い。しかし、目は、私を強く見ている。

「声に出して、返事をしてくださいね。」

私は、肉声での応答を要求する。自分の声で話すことは、自分の言葉を手書きすることと相似している。どちらも、生身の〈身体〉から言葉を発生させることだからである。コミュニケーションすることができる〈身体〉を、学生に作らせなければならないからである。


私は、座席に着席している学生に対して、印刷物を配付していく。本時は、シラバス1、学習記録用紙、受講基礎調査用紙の三種類の印刷物を、列ごとに人数分、配付する。

「受講者数プラス数枚しか印刷していません。もし余分が出たら、私のところに持って来て下さい。教室に印刷物が散乱しているのが嫌ですから。足りなかったらあげます。不鮮明なものがありましたら、交換します。」

余分な印刷物を持ってきたり、足りない印刷物を持って行ったり、数人の学生が前に出てくる。

私の使用する教室には、他の授業で配付された印刷物が毎回、後部座席付近に散乱している。こういう環境で、私は、学生に授業を受けさせたくない。学生を手書きに向き合わせるためにふさわしい〈時空〉でないからだ。

だから、散乱しているのを見つけたら、ごみ箱に捨てる。学生にも、捨てるように指示する。繰り返していると、自発的にごみ箱に持っていく学生も出てくる。目に余る状態の時には、学務係に連絡する。

したがって、私が配付した印刷物は、散乱しない。もし、落ちていたら、それは、一旦、学生に渡って置き忘れたものである。

私は、大層、「不親切な」所信を表明する。

「配付した印刷物を紛失しても、特別な事情がない限り、あげません。自分できちんと管理してください。余分に印刷している数枚は、私の記録用です。」

学生によると、この点、他の教員は、極めて「親切」なのだそうだ。印刷物は失くしても、すぐに代わりをくれる。あるいは、ＰＣスライドで見せた資料は、その教員のサイトやＬＡＣＳ（長崎大学独自の教育支援システム）に掲載されているから、いつでもダウンロードして手に入れことができる。一見、「親切」で便利である。

しかし、こういう「親切」は、学生に授業に出席していなくても「楽勝」だということを、知らず知らずに教えている。私は、「小学校書写」を、手書きに向き合うのに最適な〈時空〉にすることを目指している。つまり、「小学校書写」の授業に実際に出席しなければ得られない感覚を学生に味わわせる。印刷物を余分に用意しないのは、そのための制御である。

「『小学校書写』では、シラバスに書いているように、皆さんが将来、小学校の教師となった時に、国語科書写の授業が行えるよう、文字指導ができるよう、基礎知識及び基礎技能を修得してもらいます。簡単に言えば、『小学校書写』は、小学校一年生の担任として文字指導をする際の基礎知識と基礎技能等を身につけることが狙いです。」

なぜ、「小学校一年生の担任」なのか。

それは、小学校一年生が初めて正規な文字教育を受ける時期だからである。多くの場合、入学時点で、小学校一年生は、文字に関して、白紙ではない。就学前に、民間教育及び家庭教育において、たっぷり非正規な文字教育を受けている。そして、それが望ましい状態でない場合も多い。

資料Ⅱ-1-1g　小学校１年生の書字フォーム

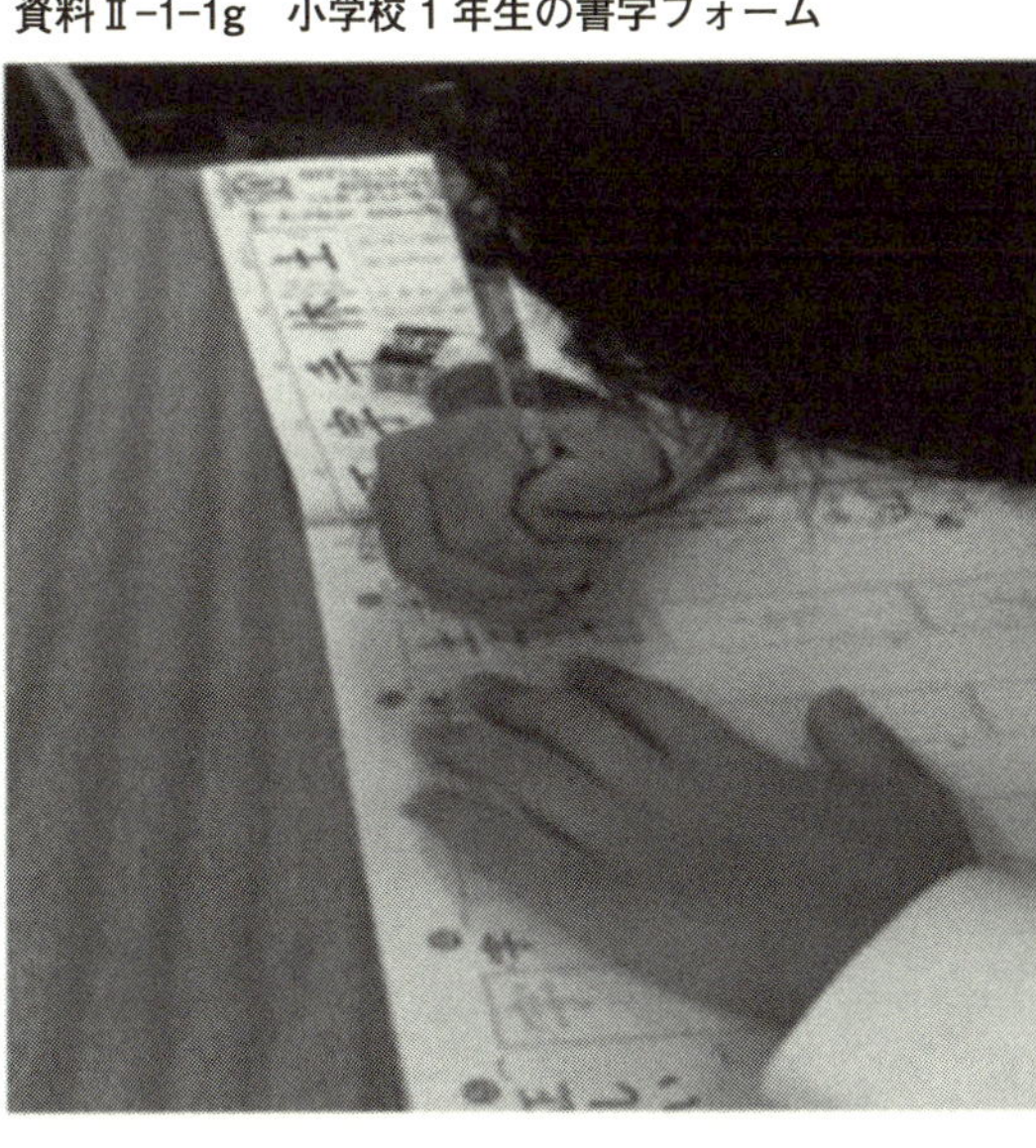

たとえば、書字フォームに関しては、こうである。

一一月上旬、ある小学校の一年生の学級で、書字フォームを調査した。教科書に掲載されているモデルのような持ち方をしている児童は、三〇人中、辛うじて一人であった。他の二九人は、小さな柔らかい手を強く握りしめて書いていた（資料Ⅱ-1-1g参照）。詳しくは、本部第三章で、後述する。

つまり、私は、学生を、望ましくない状態の小学校一年生を望ましい状態に改善できる担任に、育成したいのだ。

なお、七月下旬の教員免許更新講習でも同様に調査している。教科書に掲載されているモデルのような持ち方をしているのは、受講者（小学校教員、幼稚園教員、保育士）五〇人中、辛うじて三人であった。他は、次項で述べる大学生と似たような状況である（**資料Ⅱ−1−2g**参照）。

「小学校書写」の第一回授業に出席するに際して、学生の多くは、「今さら、書き方か。」「小学校の時と変わりばえしないだろう。」と、「退屈」な気持ちの準備をし始めているだろう。私は、そうはさせない。

学生は、飲食をしながら、コピペしてレポートを作成する。電車の中でも、食事の間でも、スマホを手放さない。「ながら」で事足りる日常を許していては、《文化度》の高い主体を手に入れることはできない。《文化度》の高い主体を育てるために、学生を日常とは異質の〈時空〉に立たせる。

「小学校書写」は、ここから始まっている。

第二項　「受講基礎調査Ⅰ」

「受講基礎調査Ⅰ」を実施した。

資料Ⅱ−1−2g　小学校教員の書字フォーム

調査項目は、五十音、仮名の字源、いろは歌、及び筆順（仮名、漢字）に関してである。

なぜ、これらを調査するのか。

第二回以降の授業で、学生に、文字を手書きすることの文化的意味、歴史的意味及び身体的意味を理解させるために必要だからである。

文字は、工業デザイン（活字やフォント）とは質的に異なる。文字は、工業製品のような人工物ではない。人間の営為によって発生し変遷してきたものである。そのことを学生に深く認識させるためである。

日本語の文字は、膨大な〈時間〉をかけ、日本人の〈身体〉をくぐり抜けて、変遷してきた。文字は、書物の中に記載されているだけの歴史ではない。自分のところまで続いている。自分の〈身体〉行為を以て、未来に継承していくものである。そのことを深く理解させるためである。

日本語の文字を日常的に使うということは、目に見えない膨大な〈時間〉と数え切れない数の日本人の〈身体〉を受け止めることである。そのことを学生に認識させたい。

さらに、受け止めたことを継承していくのは、誰でもなく使い手である自分自身であることを認識させなければならない。

そのためには、どうしても、《手書きさせる教育》が必要である。

手書きすることによって、日本の文字が有している〈文化〉性、〈歴史〉性及び〈身体〉性に自覚的になれるのだ。

電子文字としての文字は、〈文化〉〈歴史〉及び〈身体〉とは、無縁である。電子文字としての文字だけを使っていると、無意識のうちに、工業製品のような人工物を消費しているような感覚に囚われる。

私は、学生をそうさせたくない。

その切り口をつけるために、「受講基礎調査Ⅰ」の調査項目がある。

「これから、日本語の文字に関する基礎知識がどれだけ身についているかを調査します。来週には、採点して返却します。成績には、関係ありません。『小学校書写』の開始時に、自分の知識のレベルがどの程度であったかを残しておくために実施します。ですから、隣の人と相談したり、教科書を見たりしないで、今の自分の力を試してみてください。」

そう言って、先に一〇分程度、解答方法を説明した。その後二〇分間、学生個人のペースで解答させた。

学生のシャープペンシルは、一斉に走り出した。学生は、一生懸命に解答しているようだ（**資料Ⅱ−1−3g**）。一〇〇％の学生が、シャープペンシルで書字している。鉛筆を使っている学生も、ボールペンを使っている学生も、万年筆を使っている学生も、一人もいない。

シャープペンシルの芯は、おそらくHBかHであろう。その中間のFもあるようだ。これらの芯は、黒色が薄く、硬い書き味である。硬いので、弾力が生じない。弾力が生じないから、均一に印字されたような文字になる。黒色が薄いから、強く押しつけて書く。

安価なシャープペンシルだと、ボディの表面がつるつるして持ちにくい。だから、力んで持って、小粒で硬直した文字を書く。学生が今、使用しているシャープペンシルのほとんどは、教科書に掲載されているモデルのような持ち方をするには、適さない。

一方、軟らかめの芯の鉛筆（Bとか2Bとか）や、弾力が生じる金とかプラチナとかのペン先の万年筆で書くと、書いた文字にメリハリが出る。力の入れ具合や書字の速度が文字の点画に反映されるからである。

軟らかめの芯の鉛筆では、力んで持って書く必要がない。小さい力で書いても、線が紙に書ける。逆に、万年筆だと、力を込めて書くと、ペン先を傷めてしまう。

姿勢はどうか。

教科書に掲載されているモデルのような姿勢で書いている学生は、一人もいない。全員がまずい姿勢である（資料Ⅱ-1-3g）。舐めるくらいに顔を机に近づけて解答している者（資料Ⅱ-1-4g）、溝落ち辺りを折り曲げて机に覆い被さって解答している者（資料Ⅱ-1-5g）、背中をよじって頭部を傾けて解答している者（資料Ⅱ-1-6g）。多くの学生は、手首から肘を机に押しつけ、腕をハの字にして上半身を支えながら解答している（資料Ⅱ-1-7g、資料Ⅱ-1-8g）。〈身体〉にとって、かなりの負担だろう。

一方、執筆の姿勢を保つために、腰や背骨が効いていない（資料Ⅱ-1-9g）。腰から下も、足を組んだり（資料Ⅱ-1-10g）、投げ出したり、だらしなく緩んでいる（資料Ⅱ-1-11g）。

足を組んで座ると、腰が痛くなって、九〇分間、座り続けることができない。足を投げ出すと、背筋が丸まり、イスの背にもたれることになる。この姿勢では文字を書き続けることはできない。

手指は、どうか。

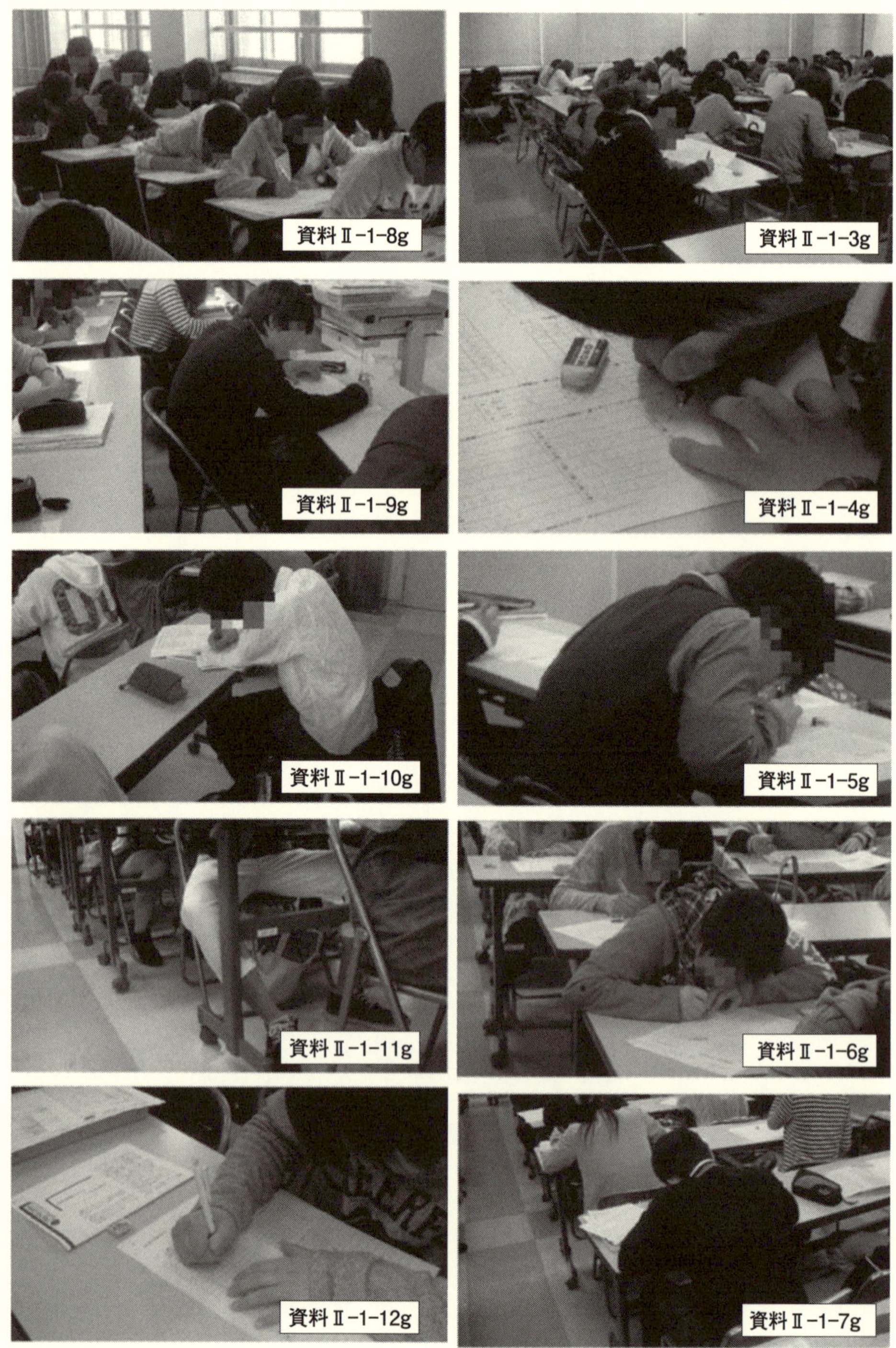
資料Ⅱ-1-8g
資料Ⅱ-1-3g
資料Ⅱ-1-9g
資料Ⅱ-1-4g
資料Ⅱ-1-10g
資料Ⅱ-1-5g
資料Ⅱ-1-11g
資料Ⅱ-1-6g
資料Ⅱ-1-12g
資料Ⅱ-1-7g

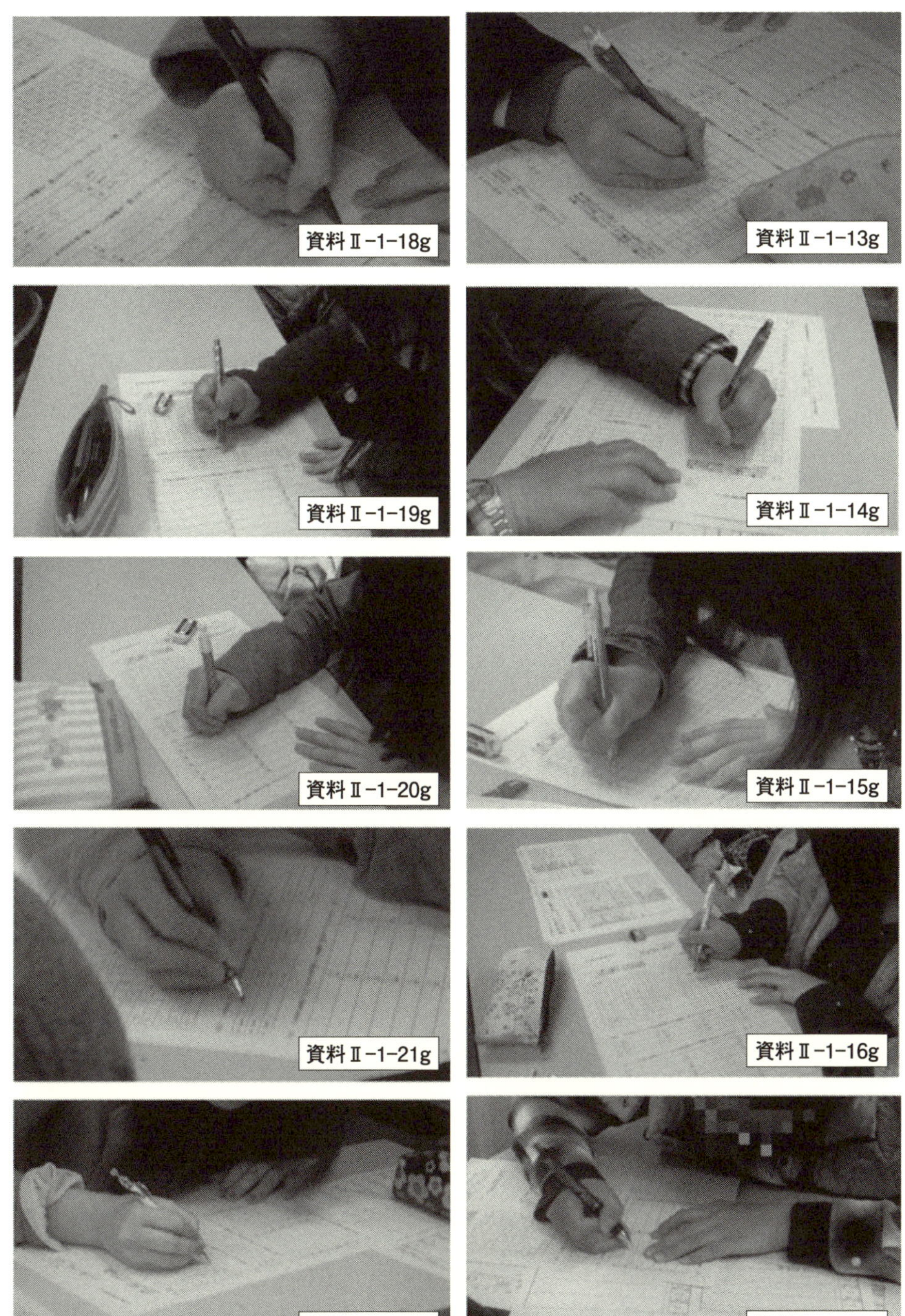

資料Ⅱ-1-18g

資料Ⅱ-1-19g

資料Ⅱ-1-20g

資料Ⅱ-1-21g

資料Ⅱ-1-22g

資料Ⅱ-1-13g

資料Ⅱ-1-14g

資料Ⅱ-1-15g

資料Ⅱ-1-16g

資料Ⅱ-1-17g

利き手がどちらかは関係なく、シャープペンシルを強く握り絞めている。シャープペンシルを持つというより、拳骨に筆記具を押し込んだような姿である。親指を中に握り込んだ拳骨（資料Ⅱ-1-12g）、親指が人差し指を押さえつけた拳骨（資料Ⅱ-1-13g～資料Ⅱ-1-15g）、親指を突き出した拳骨（資料Ⅱ-1-16g）、人差し指を屈曲させた拳骨（資料Ⅱ-1-17g～資料Ⅱ-1-19g）、親指と人差し指とを折り畳んで筆記具に沿わせ挟み込んだ拳骨（資料Ⅱ-1-20g）。どれも私には、真似できない。

また、少数だが、毛筆執筆法でいう双鉤法[2]のような持ち方の学生もいる（資料Ⅱ-1-21g、資料Ⅱ-1-22g）。つまり、シャープペンシルの軸に、小指以外四本の指が触れている姿である。

しかし、本当の双鉤法と違って、人差し指と親指との間の股の部分に、シャープペンシルを落し込んでいるから、人差し指の動きが効いていない。人差し指の動きが効いていないから、他の指で補おうとして力が入る。それでも、拳骨タイプに比較すれば、手指が硬直していない。

ここ十年間の傾向として、人差し指よりも親指を優位にする持ち方（資料Ⅱ-1-12g～資料Ⅱ-1-18g）が増えている気がする。四〇代半ば以下の世代に多く見受けられる。身近な人にも、テレビで観る俳優にも、親指を突き出した書字フォームをたくさん見

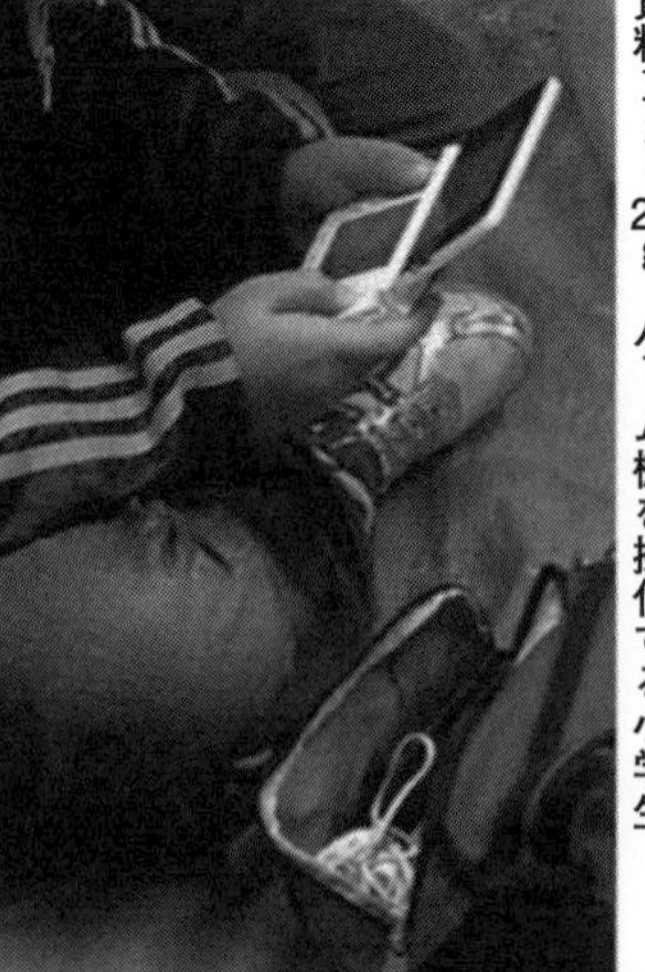

資料Ⅱ-1-23g　ゲーム機を操作する小学生

かける。ゲーム機操作（資料Ⅱ-1-23ｇ）やケータイ入力の影響だろうか。

資料Ⅱ-1-23ｇは、小学生対象のイベント会場で撮影した。空き時間があると、どこでも座り込んで、ゲームに熱中する。親指だけを活発に動かして、ゲーム機を操作している。

親指を突き出した書字フォームについて、知り合いの教育心理学者は、スプーンの影響ではないかと言っていた。

どちらの影響だとしても、人間は、人差し指の器用さを失いつつあるのではないか。

一五分を経過した辺りから、シャープペンシルを回転させながら、解答終了時刻を待っている学生が出てきた。しばらくすると、シャープペンシルを置いて、手の平を開閉させたり、手首を振ったり、肩を上下させたり、首を左右に動かしたりする学生が増えてきた。〈身体〉の緊張を解いているのであろう。

二〇分が経過した時点で終了の合図をした。入学して間もないせいか、友人同士で解答を見せ合う様子はない。解答ができたとか、できないとかに関して、感情を態度に現していない。ほぼ無反応である。

解答用紙を、後部から前方に送らせ、座席番号順に回収した。

第三項　第一回授業に関する学生の反応

毎回の授業について、学生に、学習記録用紙に記録させている。次は、第一回の授業についての記録である。ほとんどの学生は、異口同音に、「受講基礎調査Ⅰ」のできがよくなかったことや文字及び文字を手書きすることに関して「無関心」「無感動」「無知」であったことを記述している。指定座席の各列から一人ずつを引用する。

なお、［　］内の記号は、指定座席番号を示す。

資料Ⅱ-1-24　第一回授業の学習記録から

［A2］

今日は初めての授業で基礎調査を行った。テストを受けている中で、今まで何も考えずに使っていた平仮名や片仮名の字源が分からなかったり、漢字を書きながらこの書き順でいいのかと思いながら解くことが多くて、いつの間にか書き順や止めやはねなど小学校で習ったことが変わってしまったりしていることを実感した。自分がきちんとできなければ児童に教えられないので、これからしっかり修正していきたい。

［C3］

今日は、初めての書写の授業だった。受講基礎調査を行ったが、改めて自分の日本語の文字の基礎力の無さを感じた。私は、小学校の教師を目指しているが、児童のお手本としても見やすくきれいな字、日本語を身につけたい。また書くことが少なくなった現在だからこそ書写の授業を充実させ、書くことの基礎基本を児童たちに教えられるようにしたい。

［D7］

今日の授業ではこれからの授業の説明と、受講基礎調査を行った。調査では平仮名、片仮名の知識や漢字の書き順を知っているかの内容が含まれており、自分が思っている以上に無知だったことを痛感させられた。これから努力していきたい。

［F5］

今日は初めての授業でした。受講基礎調査での、五十音図やいろは歌、書き順のテストが全く書けませんでした。普段、どれだけパソコンや携帯電話に頼り切っているかを痛感しました。しっかり、文字を書くことと向き合っていかなければと思いました。

［G4］

いろは歌は、聞いたことも読んだこともあるけど、口に出していってみると、所々うろ覚えなところがあって、歴史的仮名遣いだから、「フ」だっけ「ウ」だっけ？みたいなところもあった。しっかり、覚えたい。字源というのも初めて知ったので、勉強したい。

［I5］

受講基礎調査では、あまりに自分の書けなさに驚きました。これから書写についてきちんと学習していきたいと改めて思いました。一生懸命、集中して話を聞きたいです。

［J8］

いろは歌や平仮名、カタカナの由来になっている漢字など聞いたことはあるけども覚えていないものが多く、難しいと感じました。書写は毛筆で書くイメージしかなかったので、シラバスの中に平仮名や漢字の指導も組み込まれていて書写の定義に驚きました。

［K5］

自分が普段何気なく使っている文字や言葉には、全部なりたちや意味があることを改めて実感しました。もっと勉強していかないといけないと思いました。

このように、多くの学生は、普段、文字及び文字を手書きすることについて、「無関心」「無感動」「無知」である。第Ⅰ部で述べた「肥前華子」は、自分が提出した「添え状」について、「自分の教養の無さが露見して、とても恥ずかしかった。」（資料Ⅰ-3-11）、「顔を上げられないくらい恥ずかしくて」（資料Ⅰ-3-12）と記録している。

以上のような第一回授業に関する学生の反応は、「肥前華子」が感じたショックと同質のものである。自分自身の未熟さを直視し、そのことに危機感を覚えている。

第Ⅰ部で述べた「中等書写法」は、選択科目であり、受講者総数が一二名であった。だから、座席指定にせずとも、「受講基礎調査Ⅰ」のような仕掛けをせずとも、私は、手書きする〈時空〉を制御することができた。「肥前華子」は、次のように記述していた。「今日は、私の封筒が材料に出され、自分の教養のなさが露見して、とても恥ずかしかった。しかし、個人指導をしていただいたも同然でとても学ぶことが多かったです。（中略）恥ずかしくない大人になるために覚悟していきます！」この「肥前華子」のレベルに連れて行くのに、座席指定の仕掛けはいらなかった。「受講基礎調査Ⅰ」も仕掛けもいらなかった。

しかし、「小学校書写」は、「中等書写法」とは条件が異なる。「小学校書写」の受講者総数が約八〇名であり、必修科目である。「小学校書写」の受講者を、「肥前華子」のレベルにまで連れて行く。そのためには、全一五回を通して、未熟さを直視させせつつ、コミュニケーションの主体とさせるべく、終始、鍛えていかなければならない。その指導についてくる〈覚悟〉を持たせることが、第一回授業の最大の狙いである。そのための座席指定であり、「受講基礎調査Ⅰ」である。

第二節　「受講基礎調査Ⅰ」の結果

私は、小学校教諭免許取得のための「書写」の授業を二十年以上、担当してきた。長崎大学に着任する以前には、国立大学一校と、公立大学一校とで、非常勤講師として小学校教諭及び中学校教諭（国語）免許状取得のための「書写」の授業を担当していた。

その間、一回も欠かすことなく、第一回授業時に受講基礎調査を実施してきた。「受講基礎調査Ⅰ」の調査項目に手を入れようと考えたこともあった。しかし、今はそれをしないでよかったと思っている。調査項目が同一であるからこそ、明らかになったことがあったからである。この二十年間、少なくともこの調査項目に関する学生の知識量は激減している。この事実が明らかになったのである。毎年、この事実が示唆していることは何か、と自分に問うてから、授業を開始している。

一方、「受講基礎調査Ⅰ」を受けた学生は、前節で見たように、自分自身が、日本語の文字に関する知識が悲惨な状況であることを痛感している。手書きする字形が整っているか否か以前のレベルであることを直視している。

「書写」の授業を担当し始めた最初の十年間は、第一回授業（受講基礎調査実施）と第二回授業との間の一週間で採点し、その結果を集計表に加工した。第二回授業の冒頭では、採点した調査用紙とともに集計表を受講生に配付していた。模範的な解答があれば、それも印刷して配付した。

しかし、十年前ぐらいから、採点及び集計のし甲斐がなくなってきた。もちろん、模範的な解答は、一枚もなくなった。恥ずかしい話だが、教職大学院の院生も、同様の状態であった。（本学の教職大学院には、学部の授業を取りながら、教員免許状を取得できるプログラムがある。主に、一般学部の卒業生が在籍する。）

だから、ここ十年ほどは、集計表を作って配付することをやめ、採点した調査用紙だけを返却している。

解答状況の具体例として、**資料Ⅱ-1-25**に、学生（C5）の解答状況を紹介する。これは、木Ⅲクラス（受講基礎調査受験者七六人）で、標準的なできの解答である。

資料Ⅱ-1-25　学生（C5）の解答状況

受講基礎調査Ⅰ

教育　学部　小学校教育コース　課程　子ども理解

【一】右の欄に、平仮名で五十音図を書き入れなさい。空欄のないように、歴史的仮名遣いで用いる仮名も入れ、下段にはその字源を書きなさい。

あ	か	さ	た	な	は	ま	や	ら	わ	ん
阿										
い	き	し	ち	に	ひ	み	ゐ	り		
以										
う	く	す	つ	ぬ	ふ	む	ゆ	る	を	
え	け	せ	て	ね	へ	め	ゑ	れ		
お	こ	そ	と	の	ほ	も	よ	ろ		

【二】ア・ヤ・ワ行の片仮名を書きなさい。下段にはその字源を書きなさい。

ア	ヤ	ワ
イ	イ	イ
ウ	ユ	ヲ
エ	エ	エ
江		
オ	ヨ	ン

【三】片仮名で、いろは歌を書きなさい。

イロハニホヘト

【四】次の仮名について、あなたが現在書いている筆順を

1. か＝	2. な＝	3. も＝	4. ら＝
5. め＝	6. せ＝	7. よ＝	8. と＝
9. や＝	10. メ＝	11. ネ＝	12. ヲ＝

【五】次の漢字の筆順について、あなたが現在書いている筆順を、例にならって示しなさい。（例　友＝一ノフ乀）

馬 1	状 2	収 3
雑 4	希 5	若 6
番 7	阿 8	郵 9
科 10	黄 11	画 12
書 13	博 14	式 15
世 16	帳 17	飛 18
区 19	蔵 20	昇 21

【六】授業への要望・意見など自由にどうぞ。

〈【二】について〉

① 学生（C5）は、五十音図の「わ行」の「を」の位置が、オ段でない。

この学生（C5）のように「を」の位置がオ段でない者が、他に二二人（二八・九％）いる。たとえば、**資料Ⅱ-1-26、資料Ⅱ-1-27**のような位置である。

資料Ⅱ-1-26「受講生基礎調査Ⅰ」【二】の解答例①

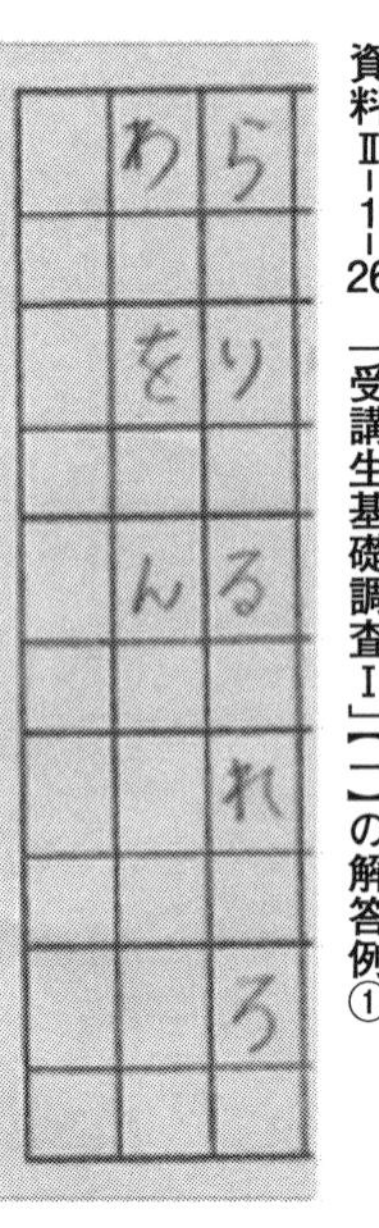

資料Ⅱ-1-27「受講生基礎調査Ⅰ」【二】の解答例②

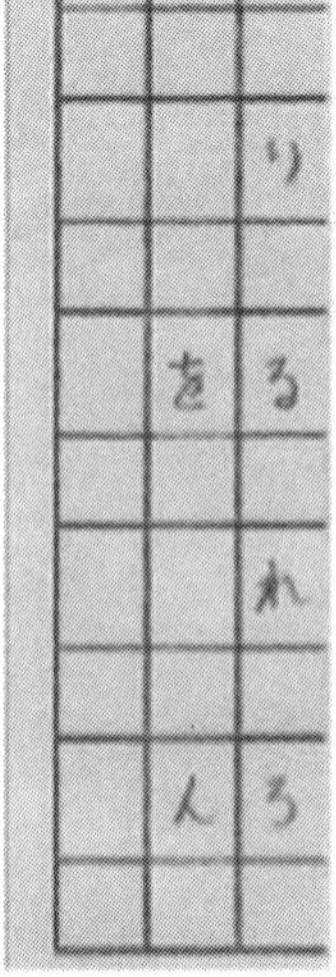

他には、「を」自体がない五十音図を書いた者が一人（一・三％）いた。

② 学生（C5）は、「や行」に「ゐ」「ゑ」を書いている。

この学生（C5）のように、「や行」「わ行」の「い」「え」「ゐ」「ゑ」が混乱している者が五八人（七六・三％）いる。

未記入が九人（一一・八％）、その他正しくない者が三人（三・九％）。

一方、「や行」「わ行」を正しく記入できた者が六人（七・九％）いた。

③ 学生（C5）は、「い」の字源以外を記すことができていない。壊滅的な結果である。

大多数が、字源の欄を空白にしている（**資料Ⅱ-1-32**にあげた医学部生の学生のように）。

学習記録によると、字源とか字母という言葉を初めて知ったという学生もいた。

④　学生（C5）は、「ら行」を正しく書いている。しかし、「ら行」がすっかり抜け落ちている者が三人（三・九%）いた。

なお、**資料Ⅱ-1-31**にあげた工学部生は、「ら行」の位置を間違えている。

〈【二】について〉

①　学生（C5）は、平仮名「あ行」「や行」「わ行」と片仮名「ア行」「ヤ行」「ワ行」とが一致しない。平仮名以上に、「イ」「エ」「ヰ」「ヱ」「ン」の位置が曖昧である。

なお、全て正しく書けた者は、〇人（〇%）である。

②　学生（C5）は、片仮名の字源については、平仮名以上に、壊滅的な結果である。

大多数の学生も同様である。

〈【三】について〉

①　学生（C5）は、「イロハニホヘト」までしか書けない。

受講生全体では、**資料Ⅱ-1-28**の通り。

②　冒頭以降を書いているとしても、でたらめである場合が多い。

資料Ⅱ-1-28　「受講生基礎調査Ⅰ」【三】の解答状況（集計）

状　況	人	%
1字も書けない	4	5.3
「イロハ」まで書けている	1	1.3
「イロハニホヘト」まで書けている（C5も含む）	15	19.7
「イロハ　～　チリヌルヲ」まで書けている	20	26.3
「イロハ　～　ワカヨタレソ」まで書けている	11	14.5
「イロハ　～　ツネナラム」まで書けている	21	27.6
「イロハ　～　ウヰノオクヤマ」まで書けている	1	1.3
「イロハ　～　アサキユメミシ」まで書けている	2	2.6
全部、正しく書けている	1	1.3
	76	100

〈【四】について〉

①　学生（C5）は、この問いに関しては、良くできている。「ヲ」についてのみ誤答している。受講生全体では、**資料Ⅱ-1-29**の通り。

〈【五】について〉

①　この学生（C5）は、二一問中二つに正答している。壊滅的と言ってよい。受講生全体では、**資料Ⅱ-1-30**の通り。

②　誤答の傾向を見い出すことはできなかった。つまり、秩序なく、標準から外れている。

資料Ⅱ-1-29　「受講生基礎調査Ⅰ」【四】の解答状況（集計）

状　況	人	%
全部、標準通り書けている	6	7.9
（「ヲ」以外の）1つだけ標準外	2	2.6
（「ヲ」の）1つだけ標準外（C5も含む）	41	53.9
1つ　標準外	19	25.0
3つ　標準外	6	7.9
4つ　標準外	2	2.6
5つ以上　標準外	0	0
計	76	100

資料Ⅱ-1-30　「受講生基礎調査Ⅰ」【五】の解答状況（集計）

状　況	人	%
全部、標準通り書けている	0	0
1つ　標準外	0	0
2つ　標準外	1	1.3
3つ　標準外	0	0
4つ　標準外	2	2.6
5つ　標準外	1	1.3
6つ　標準外	2	2.6
7つ　標準外	2	2.6
8つ　標準外	2	2.6
9つ　標準外	8	10.5
10　標準外	3	3.9
11　標準外	12	15.8
12　標準外	6	7.9
13　標準外	7	9.2
14　標準外	10	13.2
15　標準外	3	3.9
16　標準外	9	11.8
17　標準外	5	6.6
18　標準外	1	1.3
19　標準外（C5を含む）	2	2.6
20　標準外	0	0
21　（全部）標準外	0	0
計	76	100

以上、観察すると、次のⓐ～ⓓが言える。

ⓐ　仮名の字種を全部表記することができない。

ⓑ　仮名文字と音韻との関係について無知である。

ⓒ　仮名の由来に関して無知である。

ⓓ　文字を書字する過程について無知である。

つまり、学生は、日本語の文字に関する基礎知識が不十分なのである。不十分であるために、日本語の文字に関する関心が醸成されていない。

特に、ⓒ及びⓓの状態であると、日本語の文字が有する〈歴史〉性や〈時間〉性を意識できないだろう。

以上の結果を、学生が知ったのは、第二回授業時である。第二回授業の開始時に、採点した「受講基礎調査Ⅰ」の調査用紙を返却した。

学生が少しザワザワする。あまりにできがよくないからだ。調査を受けている時点で記入できなかったことを自覚できていても、朱で採点され返却されて改めてショックを受けている。

その姿を見渡しながら、私は、次のように言った。

「『受講基礎調査Ⅰ』の結果は、いかがでしたか。現時点での、日本語の文字に関する基礎知識は、そういう状態だということですね。よくよく見てください。自分の今の状態を直視してください。そして、落胆していないで、足りない知識は補給してください。この気持ちを忘れないようにするために、その答案を、買ってきたノートに貼っておきましょう。」

先に、用意してきたノートの表紙に、授業科目名、「授業用」、クラス、コース、専攻、学生番号、座席番号、氏名を記入させる。その後、ノート表紙を開いて、表Ⅱ及び扉Ⅰに、返却した「受講基礎調査Ⅰ」答案を添付させた。

試みに、他学部（医学部、歯学部、環境科学部、工学部）の二年生を対象に行っている教養科目「文字とことば」において、同様の調査を実施してみた（平成二五年四月九日実施）。その答案のごく一部を、資料Ⅱ－1－31及び資料Ⅱ－1－32に紹介する。

このクラスには、入試センターテストで教育学部学生よりも高得点の学生も低得点の学生もいる。理科系も文化系も混在している。

しかし、「受講基礎調査Ⅰ」の結果は、「小学校書写」を受講している学生とほとんど変わりはない。つまり、前述したⓐ～ⓓがあてはまる。

資料Ⅱ－1－31　工学部工学科の学生の解答状況

わ	や	ら	ま	は	な	た	さ	か	あ	あ
			魔	歯	名	田	砂	加	安	安
	ゐ	り	み	ひ	に	ち	し	き	い	い
		利	身	火	仁	血	死	木	似	以
を	ゆ	る	む	ふ	ぬ	つ	す	く	う	う
		流	無	付	抜		酢	九	宇	宇
	為	れ	め	へ	ね	て	せ	け	え	え
			目	辺	根	手	世	毛	衣	衣
ん	よ	ろ	も	ほ	の	と	そ	こ	お	お
		露		帆		落		子	於	於

資料Ⅱ－1－32　医学部医学科の学生の解答状況

ん	わ	ろ	や	ま	は	な	た	さ	か	あ
			天							安
	ゐ	り	ゆ	み	ひ	に	ち	し	き	い
					火					以
	う	る	よ	む	ふ	ぬ	つ	す	く	う
			[illegible]		不					宇
	為	れ		め	へ	ね	て	せ	け	え
				目						衣
	を	ろ		も	ほ	の	と	と	こ	お
				毛						於

［注］
1　「小学校書写」の第一回授業で配付したシラバスのうち、授業計画表を示す。

回	内　容
1	オリエンテーション、受講基礎調査Ⅰ・Ⅱ
2	受講基礎調査をふまえて（1）　平仮名の字源と書字
3	受講基礎調査をふまえて（2）　片仮名の字源と書字
	文字資料（ビデオ、スライド）の観察
4	受講基礎調査をふまえて（3）　書字フォーム
	小学校国語教科書における文字教材　　漢字の成り立ち
	「漢和辞典比較調査」の指示
（ゴールデンウィーク）	
5	字源資料を観察する
	受講基礎調査をふまえて（4）　　標準的な筆順と書字
6	授業事例観察（1）　小学校１年生の仮名文字指導　「あいうえおのひみつ　みつけた」
7	「漢和辞典比較調査」の結果をふまえて
	漢字指導と書写指導との関連（1）　中間レポートの告知
8	「漢字だいすき」視聴
	漢字指導と書写指導との関連（2）
9	授業事例観察（2）　詩の指導と書写　「おれはかまきり」
10	毛筆を使用した書写の導入　毛筆という筆記具の特徴を知る　　一、二
11	授業事例観察（3）　小学校３年生の毛筆書写　「ビル」
12	毛筆書写の教材研究（1）　　ナテケヲ、土、ソツンシ
13	毛筆書写の教材研究（2）　　川、ラクアル、日
14	毛筆書写の教材研究（3）　　力、カオホ、ビル
15	評価の実際、最終レポートの告知

単鉤法

双鉤法

2　全国大学書写書道教育学会『明解書写教育　改訂版』（二〇一一年萱原書房刊）六三頁には、次のように解説されている。

> b　双鉤法（そうこうほう）　人差し指と中指の二本を軸の前に出す持ち方で、薬指の爪のあたりで支える方法である。小学校書写では、「二本がけ」ともいう。軸の太い大筆を安定して持つことができる。

第二章　〈時間〉を見せる
――歴史的時間――

学生が手書きした文字を観察すると、次のようなことに気がついた。まるで印字したようなのである。第Ⅰ部で述べた「肥前華子」の文字もそうだった。どこから書き始めたのかがわからない。どの順番で書いたのかがわかれない。どこをどのような速さで書いたのかが想像できない。プリンタから出てきた文字のようなのである。

これは、学生にとって、文字を書くことが、〈身体〉を使った行為になっていないからではないか。〈身体〉を使って文字が書かれるという行為を、自覚的に観察したことがないからなのではないか。文字を手書きするということは、〈時間〉がかかるということを、自覚的にとらえたことがないからではないか。

つまり、学生は、文字が、膨大な数の人々の〈身体〉をくぐり抜け、膨大な〈時間〉をかけて、姿かたちを変えてきたことに無自覚なのだ。

私は、学生が書く印字のような文字を見て、そう思った。

だから、私が、〈身体〉を使って、書く行為を見せることとした。〈身体〉を使って、文字を手書きすると、〈時間〉がかかることを見せることとした。その時間は、均一に流れるのではない。速く動くところ、ゆっくり動くところ、止まるところ、浅く触れるところ、次第に深く沈んでいくところ……。これらを見せなければならない。

漢字から生まれた仮名の姿を、〈身体〉を使って、見せなければならない。

漢字が、甲骨に彫られた姿、青銅に鋳造された姿、石に刻まれた姿……を見せなければならない。

第一節　仮名の由来（第二回授業及び第三回授業前半）

第二回授業の前半部では、小学校の検定国語科教科書に収載されている「仮名の由来」に関する教材を使って、万葉仮名から仮名への変遷を概観させた。

「万葉仮名文書」に見られるように、表象的には漢字であるが、漢字の用法でない文字表記が行われていたことを理解させた。その上で、以下のように、漢字から仮名への変遷を見せた。つまり、歴史的な〈時間〉を見せたのだ。

第一項　書字過程を観察させる、記憶させる、書字させる

学生には、指定した条件に合致したノートを用意させている。頁を上下二段に区切らせる。上段には平仮名について、下段には片仮名について書かせる。スクリーンに、前年度の学生が作ったノートの該当頁（資料Ⅱ-2-1）を例示して、ゴールを示した。

なお、資料Ⅱ-2-1は、副専攻として小学校免許を取得しようとしている学生のノートである。決して整った字形を書いているというのではない。私の説明に即したメモが十分に取れている例として掲げた。たとえば、二マスめの右側に「字源」とあり、片仮名の字源に、片仮名となった点画にマークをつけている。

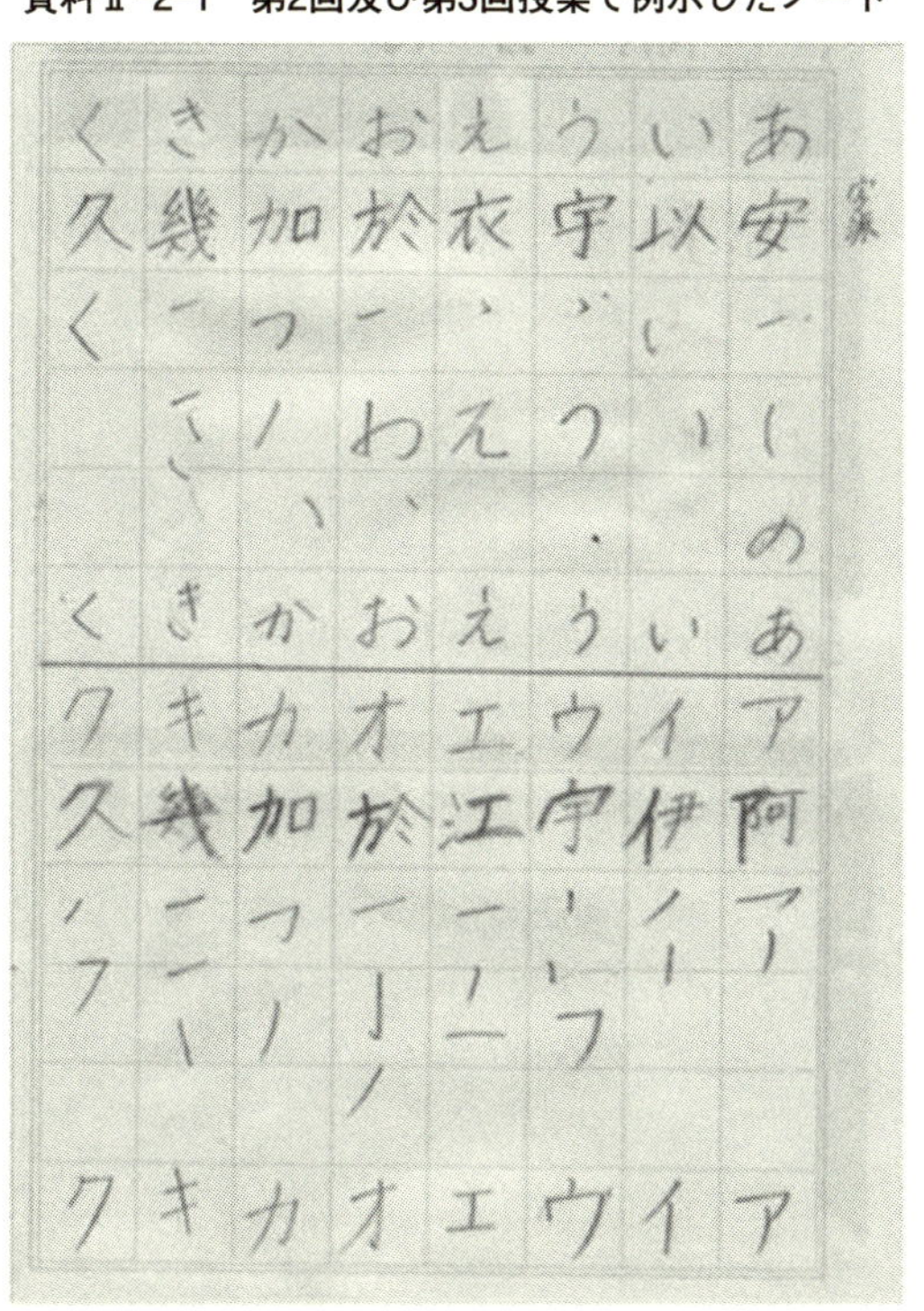

資料Ⅱ-2-1　第2回及び第3回授業で例示したノート

1. 平仮名

平仮名については、**資料Ⅱ-2-2**のように、進めていった。

つまり、次のように行った。

鈴木の手元（書字動作）をＯＨＣで撮影し、教室の天井に吊っているプロジェクタで、スクリーンに投影する。

スクリーンには、鈴木の書字動作が中継される（③⑤⑦）。

学生は、スクリーンに投影された鈴木の書字動作を観察する。書字動作を観察した後、ノートに書字する（④）。

資料Ⅱ-2-2　第2回授業の展開

鈴　木	学　生（資料Ⅱ-2-3参照）
①　ノート上段（1～6マス目）に平仮名を、下段（7～12マス目）に片仮名を書くことを説明する。	
	②　1段目のマスに、平仮名五十音を、横に一字ずつ入れていく。重複する文字を省略せずに、51字分を次々に左横に書き進む。
③　当該平仮名の字源を楷書で毛筆書きする（資料Ⅱ-2-4g参照）。	④　それをよく観察する。 その直後に、ノートの2段目のマスに、当該平仮名の字源を楷書で書く（資料Ⅱ-2-5g参照）。
⑤　毛筆で漢字から平仮名に変容する草化過程を提示する（資料Ⅱ-2-6g及び資料Ⅱ-2-8g参照）。	⑥　観察しながら、シャドウイングをする（資料Ⅱ-2-7g及び資料Ⅱ-2-9g参照）。
⑦　改めて現在の字形の平仮名を書く（資料Ⅱ-2-10g参照）。	⑧　筆順に注目して観察し、筆順を記憶する。
	⑨　記憶した筆順をノートの3段目のマスから5マスまでに、一筆ずつ分解して書く（資料Ⅱ-2-12g参照）。
	⑩　上項②～⑨をふまえて、6段目のマスに改めて当該平仮名を書く（資料Ⅱ-2-12g参照）。
	⑪　これまで自分が書いているのとは異なった筆順には、チェックを入れる。

資料Ⅱ-2-3　第2回授業終末部におけるノート

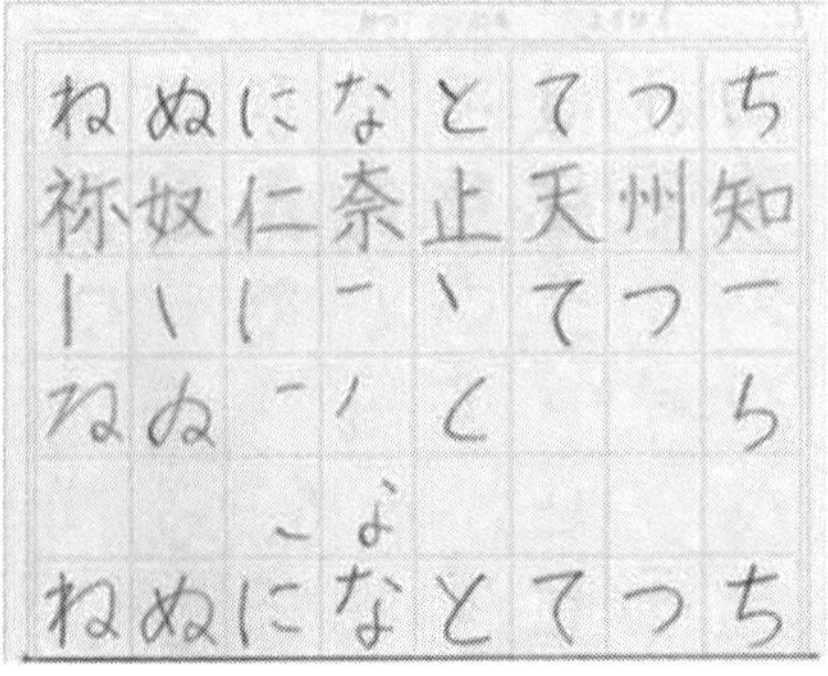

あるいは、人差し指でシャドウイングする⑥。

または、書字動作を観察し、それを記憶する⑧。記憶したことを再現する⑨⑪。

たとえば、「あ」では、次のように行った。

資料Ⅱ-2-4g　鈴木③（所要時間：八秒九六）

鈴木：平仮名の「あ」の字源は、「安」です。「平安」の「安」です。私が、今から「安」を楷書で書きますので、よく観察してください。

「ウかんむり」の下に、「女」を書いて、「安」です。では、ノートの二段目のマスに、平仮名の「あ」の字源の「安」を、楷書で書いてください。

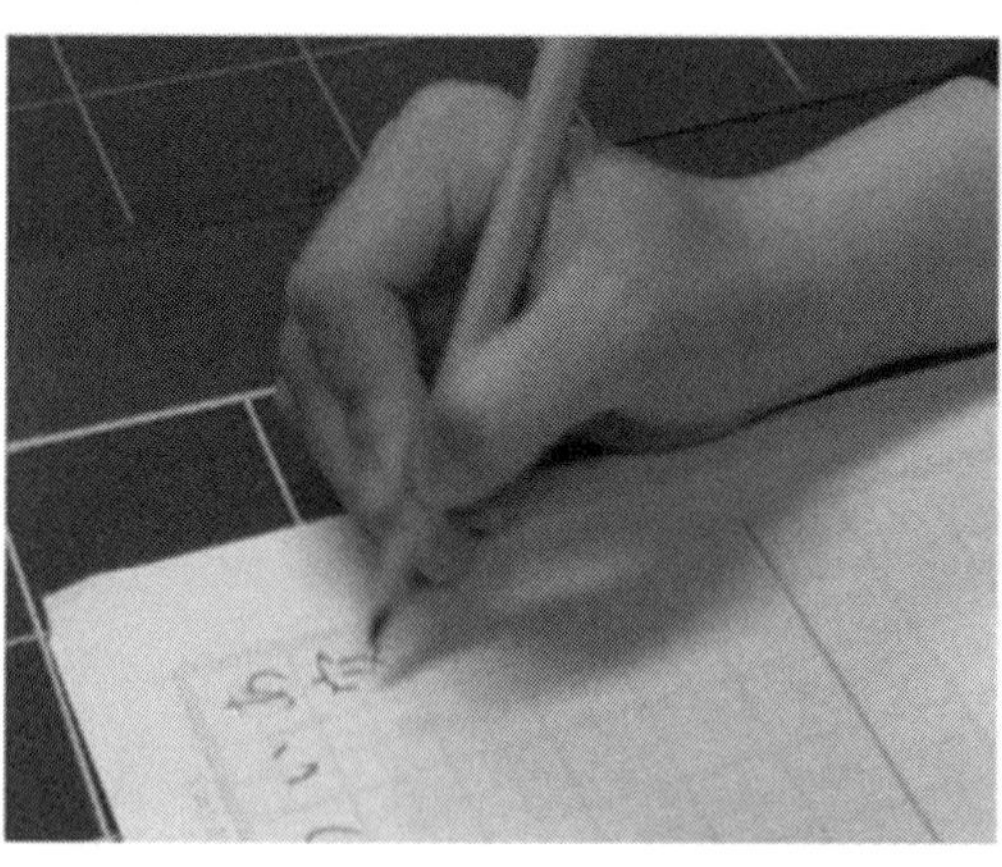

資料Ⅱ-2-5g 学生④

学生は、鈴木の書字動作（**資料Ⅱ-2-4g**参照）を観察する。その直後に、ノートの二段目のマスに、「安」を楷書で書く。この時、学生の脳裏には、鈴木が書字した「安」の残像がある。「安」が、一画、一画と完成していく映像が保持されている。それをふまえて、学生が「安」を書字する。

鈴木：次に、この楷書の「安」が、早書きされる中で、字形が行書化並びに草書化していきます。私が書くのを観察しながら、指をその通りに動かしてください。私の筆の動きに、影のようにぴったりついてきてください。

楷書のように、一点一画をきちんと書くと時間がかかります。早く書くために、「安」では、楷書の時とは筆順が変わります。まず、「ワかんむり」を書きます。次いで、「ウかんむり」の一画目は、「女」の一画目と直接につながってしまいます。そして、「ノ」を書き、「一」を書きます。

資料Ⅱ-2-6g　鈴木⑤その1（所要時間：五秒五六）

資料Ⅱ-2-7g　学生⑥その1

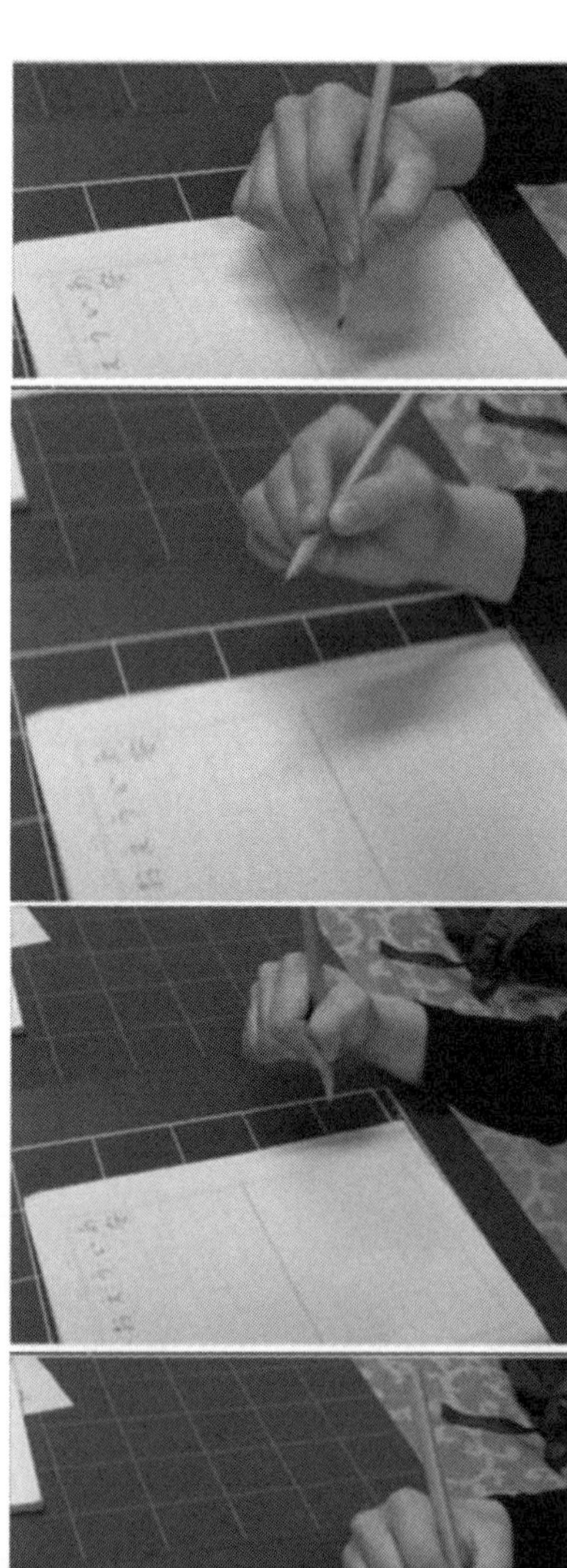

学生は、鈴木の書字動作（資料Ⅱ-2-6g参照）を観察しながら、シャドウイングをする。楷書の場合と違って、書字動作に緩急がついたことに気がつくはずである。

資料Ⅱ-2-8g　鈴木⑤その2（所要時間：四秒七六）

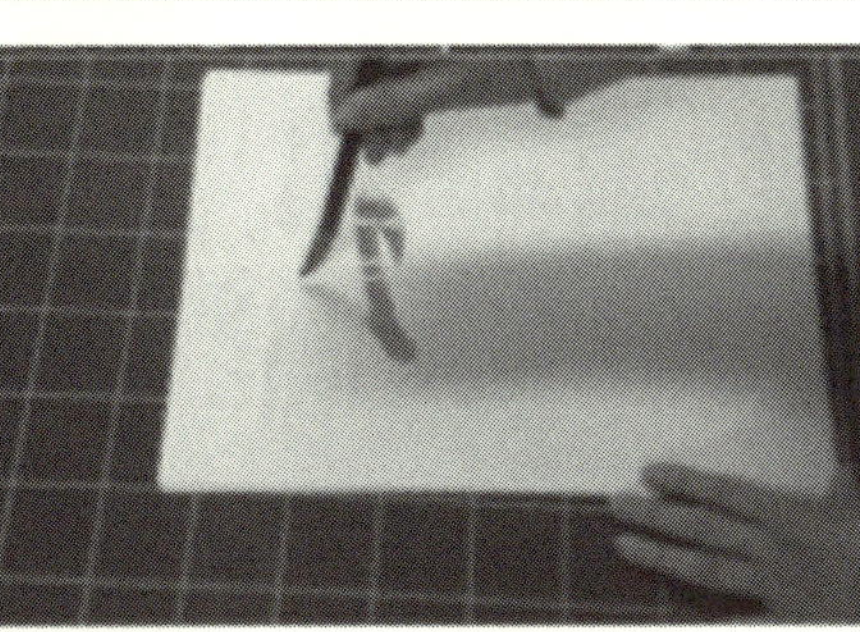

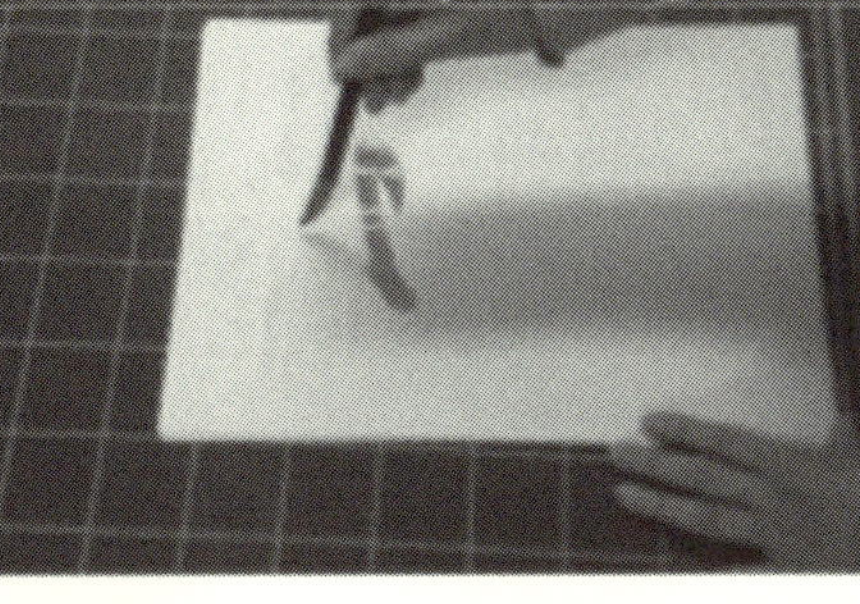

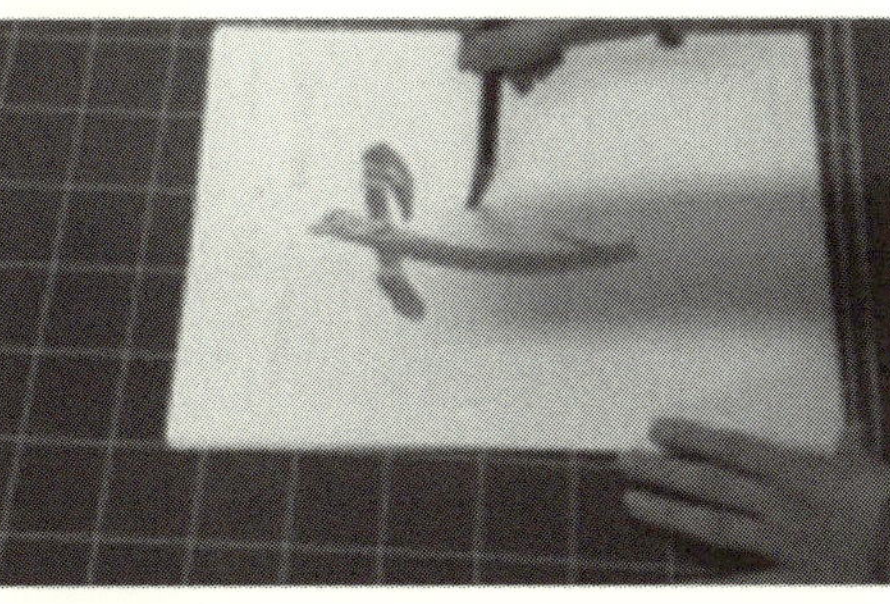

鈴木：さらに、早く書くために、一段と省略が進みます。私が書くのを観察しながら、指でシャドウイングしましょう。

　では、書きます。「ワかんむり」は、まるで、一本の横線のようになりました。「く」の形は、「おれ」がとても緩やかになります。こうなると、「おれ」ではなく、「そり」と言った方がよいですね。次いで、「ノ」から「一」への連続が強くなり、円弧のようにつながりました。文書や和歌は縦書きでしたので、下の文字につながる勢いが露わになって、最後の「はらい」となっています。

　だいぶ、今の平仮名の形に似てきましたね。

資料Ⅱ-2-9g　学生⑥その2

学生は、鈴木の書字動作（資料Ⅱ-2-8g参照）を観察しながら、再びシャドウイングする。このことによって、学生は、先の行書化の場合よりも、さらに字体が省略されていることに気がつくはずである。

資料Ⅱ－2－10g　鈴木⑦（所要時間：三秒七〇）

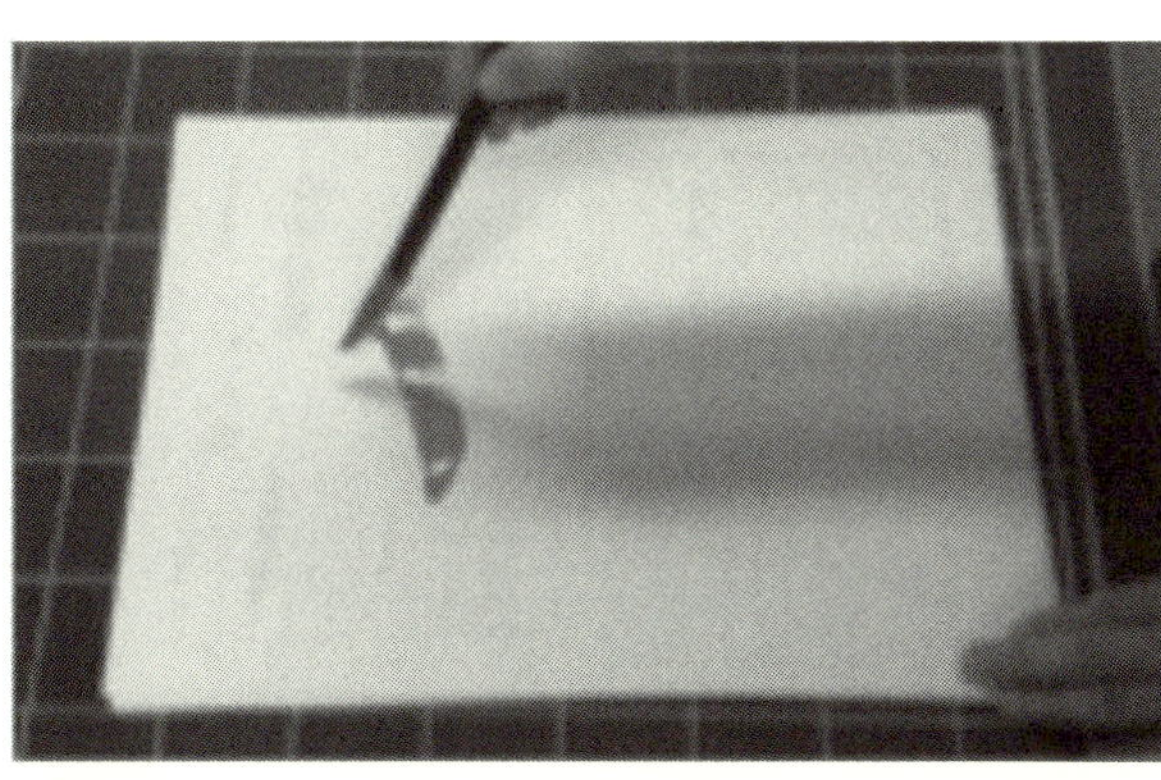

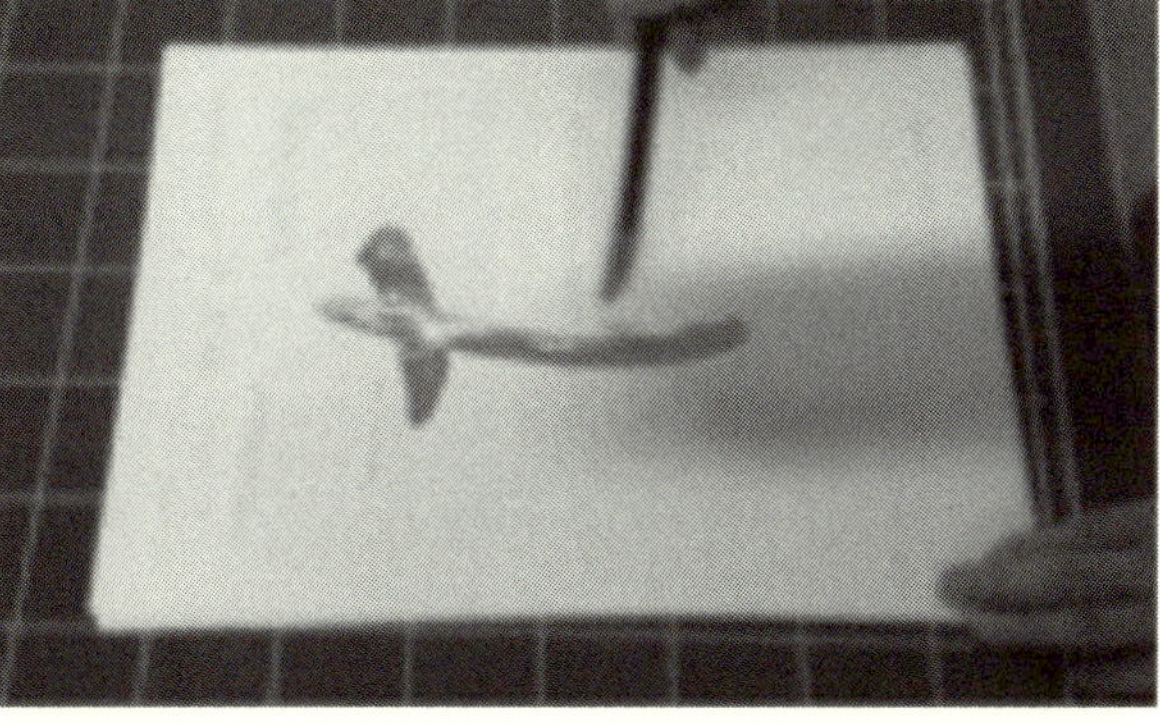

鈴木：では、改めて、現在の平仮名の「あ」を書いてみます。筆順に注目して観察してください。その筆順を、ノートの三段目のマスから五段目のマスまでに、一筆ずつ分解して書きます。ノート上段の最後のマスには、改めて、現在の平仮名の「あ」を書いてください。

これまで、筆順を勘違いしていた人は、二度と間違えないように、チェックをつけておいてください。

資料Ⅱ-2-11g　学生⑨

資料Ⅱ-2-12g　学生⑩

学生は、鈴木の書字動作（**資料Ⅱ-2-10g**参照）を観察しながら、筆順を記憶する。記憶した筆順をノートの三段目のマスから五段目のマスまでに、一筆ずつ分解して書く。その後、6段目のマスに改めて、「あ」を書く

以下、同様に、全平仮名について行った。本項冒頭で引用した資料Ⅱ－２－３は、その時、学生が実際に書いたページである。

第二回授業では、以上のように、平仮名が字源から草化していく過程を観察させた。観察させながら、シャドウイングさせた。これは、〈身体〉で、平仮名の由来を体験することである。

体験後は、文字を手書きする度に、字形変遷（〈歴史〉性）を意識できるようになるだろう。そのことで、画像や印字のように瞬時に字形が飛び出してくるのでないことや巻き戻しできないことを自ずと理解するはずである。

平仮名の由来及び片仮名の由来に関する授業終了後、学生のノートを点検（資料Ⅱ－２－３及び資料Ⅱ－２－16の内容チェック）する。

以上のような方式をとらなかった頃に比較して、学生のノート内容は、格段に良くなった。

以前は、字源表を印刷して、口頭で由来を説明した。それを、授業外の時間に資料Ⅱ－２－３及び資料Ⅱ－２－16と同様の形式に整理させ、提出させていた。

一方、現在は、口頭説明と授業外課題ではなく、前記のように行っている。つまり、一字ずつ、一筆の動きと一筆ずつの線の累積順とを見せている（〈時間〉性）。それを、シャウドウイングさせている（〈身体〉性）。そうすることによって、学生の書くノート内容の質が向上した。

当然と言えば、当然のことであるが、次の二点について変容した。

一つめは、ノートに分解方式で書かせている筆順のミスが、ゼロになった。

二つめは、字形についてはまったく触れていないにも関わらず、学生の個人内比較で、授業後の字形は安定した（**資料Ⅱ-2-13**及び**資料Ⅱ-2-14**参照）。

たとえば、資料Ⅱ-2-13の平仮名と、資料Ⅱ-2-14の最下段の当該文字を比較してほしい。特に、「ひ」「ま」「み」は、字形が良くなっている。それぞれの字源を意識した書きぶりに変わっている。

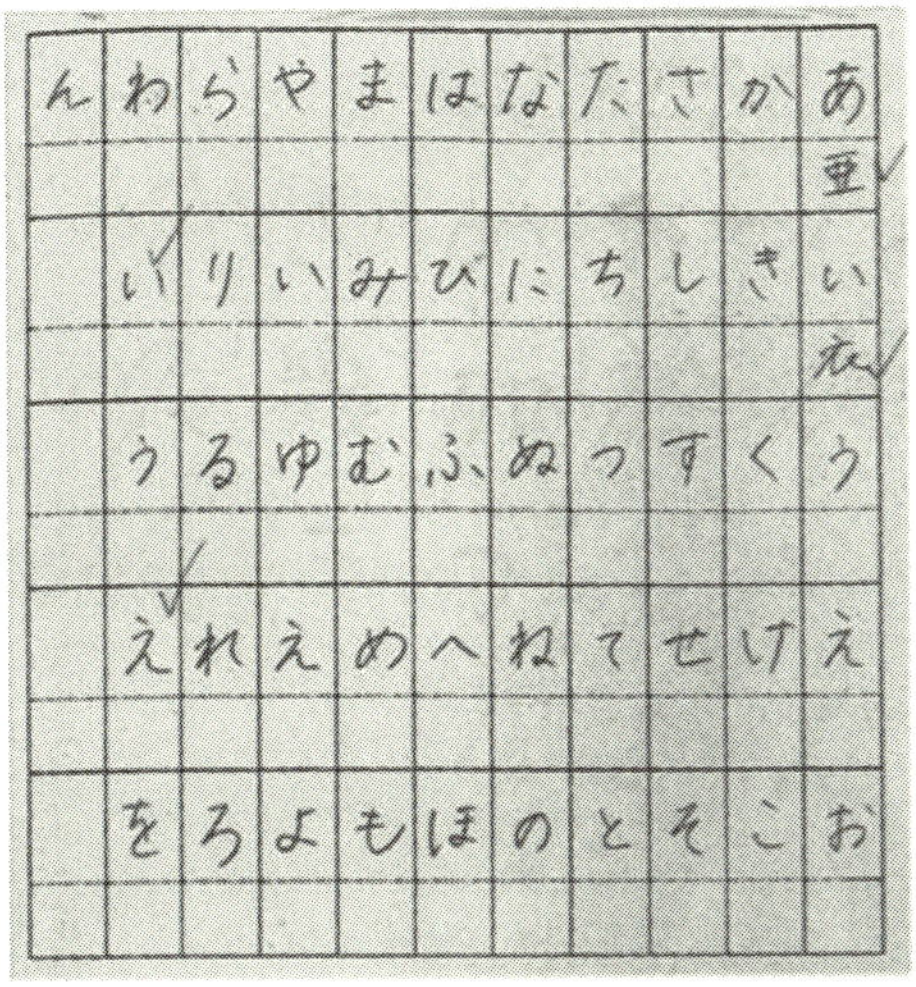

資料Ⅱ-2-13　「受講生基礎調査Ⅰ」時

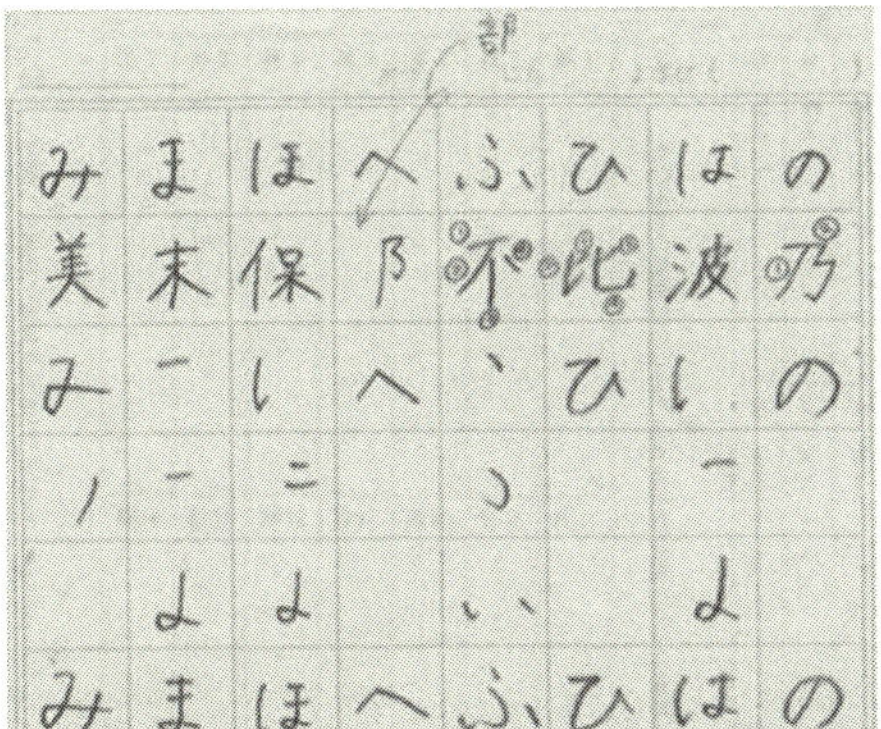

資料Ⅱ-2-14　資料Ⅱ-2-13と同一人のノート

書字の〈歴史〉性、〈時間〉性及び〈身体〉性を一体的に感知させることが、学生のアウトプットを向上させたのである。

2. 片仮名

片仮名についても、第三回授業前半部において、平仮名同様に進めた。つまり、**資料Ⅱ-2-15**のように行った。

たとえば、「ア」では、次のように行った。

資料Ⅱ-2-15 第3回授業の展開

鈴　木	学生（資料Ⅱ-2-16 参照）
①　ノート下段(7～12 マス目)に片仮名を書くことを説明する。	
	②　7段目のマスに、片仮名五十音を横に一字ずつ入れていく。平仮名と同様に、重複する文字を省略せずに、51字分を次々に左横に書き進む。
③　当該片仮名の字源を楷書で毛筆書きする（資料Ⅱ-2-17g 参照）。	④　それをよく観察する。 その直後に、ノートの8段目のマスに、当該片仮名の字源を楷書で書く（資料Ⅱ-2-18g 参照）。
⑤　どの部分が片仮名になったのかを提示する（資料Ⅱ-2-19g 参照）。	⑥　それを記憶する。
⑦　改めて現在の字形の片仮名を書く（資料Ⅱ-2-20g 参照）。	⑧　筆順に注目して観察し、筆順を記憶する。
	⑨　記憶した筆順をノートの9段目のマスから11段目のマスまでに、一画ずつ分解して書く（資料Ⅱ-2-21g 参照）。
	⑩　上項④～⑨をふまえて、改めて12段目のマスに改めて当該片仮名を書く。
	⑪　これまで自分が書いているのとは異なった筆順には、チェックを入れる。

資料Ⅱ-2-16 第3回授業終末部におけるノート

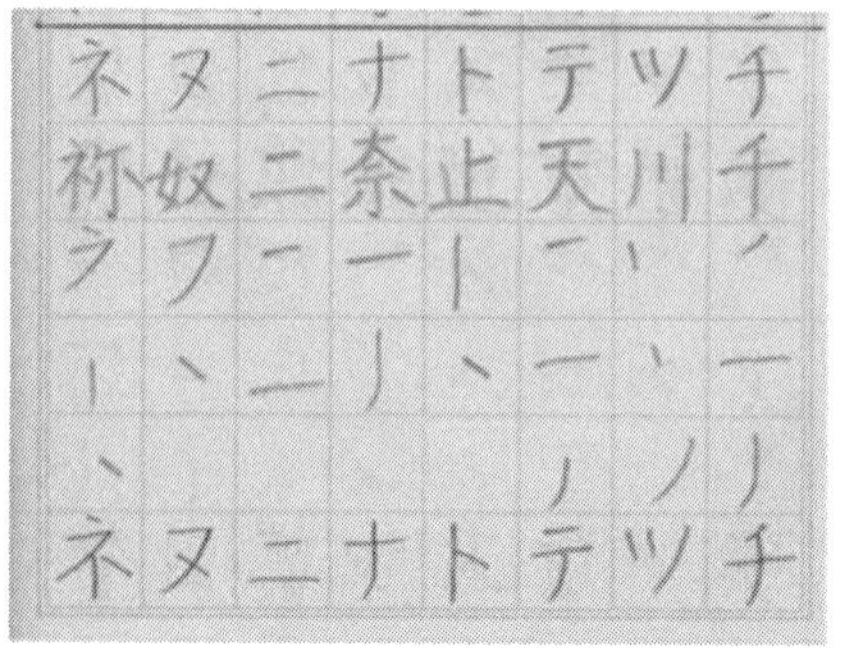

資料Ⅱ-2-17g　鈴木③　（所要時間：九秒五一）

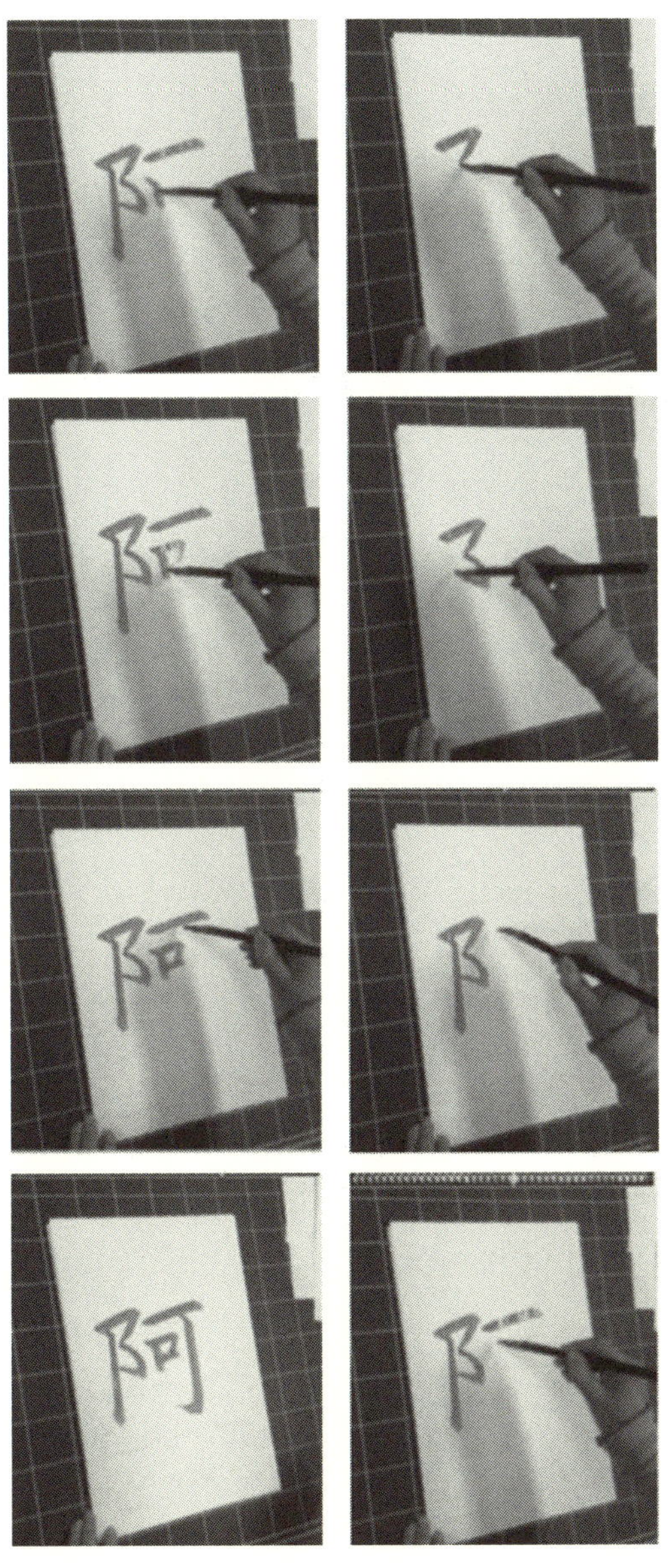

鈴木：片仮名「ア」の字源は、何ですか。そう、「阿」です。「阿蘇」の「阿」です。今から、私が「阿」を、楷書で書きますので、よく観察してください。

「こざと偏」を書いて、旁に「可能」の「可」を書きます。では、ノートの八段目のマスに、「阿」と、楷書で書いてください。

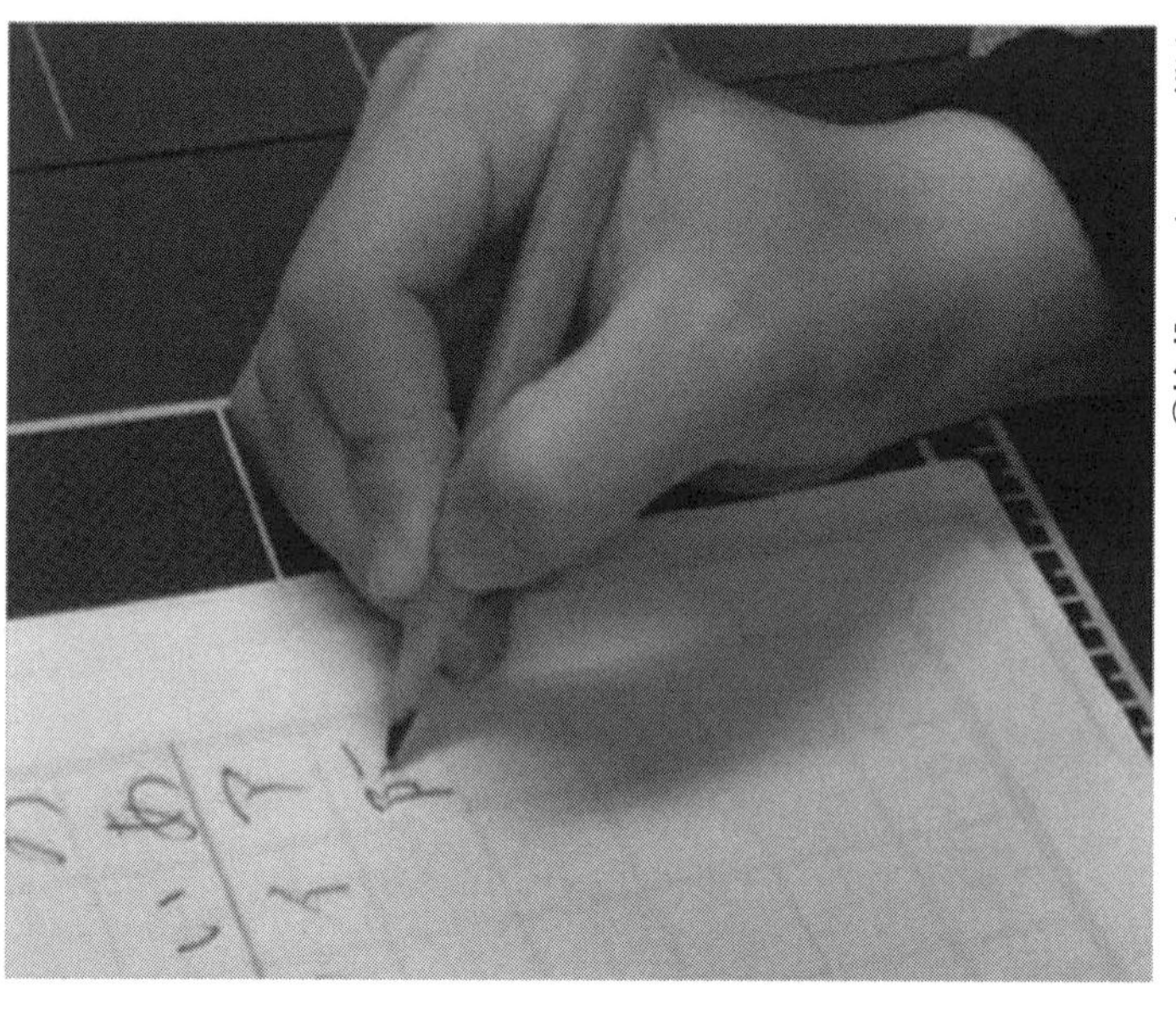

資料Ⅱ-2-18g　学生④

学生は、鈴木の書字動作（資料Ⅱ-2-17g参照）を観察する。その直後に、ノートの八段目のマスに、「阿」を楷書で書く。この時、学生の脳裏には、鈴木が書字した「阿」の残像がある。「阿」が一画、一画と完成していく映像が保持されている。それをふまえて、学生が「阿」を書字する。

資料Ⅱ-2-19g　鈴木⑤（所要時間：二秒五九）

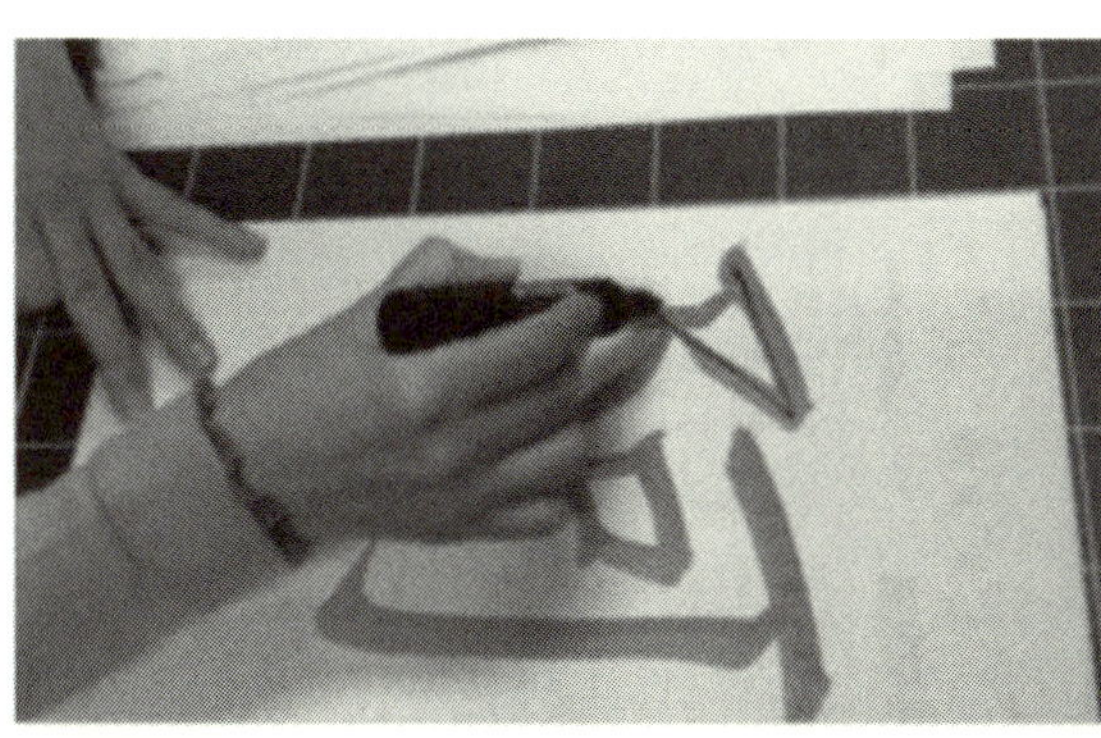

鈴木：では、「阿」のどの部分が、片仮名の「ア」になったと思いますか。ここです。一画目と三画目です。他の画は、省略されてしまいました。早くメモを取るための戦略です。狭い行間に、漢字の読みがなをつける時にも、便利ですね。

資料Ⅱ-2-20g　鈴木⑦（所要時間：二秒七〇）

鈴木：改めて、現在の片仮名の「ア」を書いてみます。筆順に注目して観察してください。その筆順を、ノートの九段目のマスから一一段目のマスまでに、一画ずつ分解して書いてください。最後のマスには、改めて、現在の片仮名の「ア」を書きます。

これまで、筆順を勘違いしていた人は、二度と間違えないように、チェックをつけておいてください。

学生は、鈴木の書字動作（資料Ⅱ-2-20ｇ参照）を観察しながら、筆順を記憶する。記憶した筆順をノートの九段目のマスから一一段目のマスまでに、一画ずつ分解して書く。その後、一二段目のマスに改めて、「ア」を書く。

資料Ⅱ-2-21　学生⑨⑩

以下、同様に、全片仮名について行った。本項冒頭で引用した資料Ⅱ-2-16は、その時、学生が実際に書いたページである。

前項でも述べたように、この方式をとってから、学生のノート内容の質が向上した。

特に、片仮名の筆順については、「標準」と「標準外」の区別ができない学生が平仮名の場合に比較して多数いた。が、それがノート上では、ゼロになった。もちろん、字形についてはまったく触れていないにも関わらず、学生の個人内比較で、授業後の字形は安定した（資料Ⅱ-2-22及び資料Ⅱ-2-23参照）。

たとえば、資料Ⅱ-2-22の片仮名と、資料Ⅱ-2-23の最下段の当該文字を比較してほしい。特に、「ア」「ウ」「オ」は、良くなっている。一画一画を意識して書字しているので、メリハリがついている。

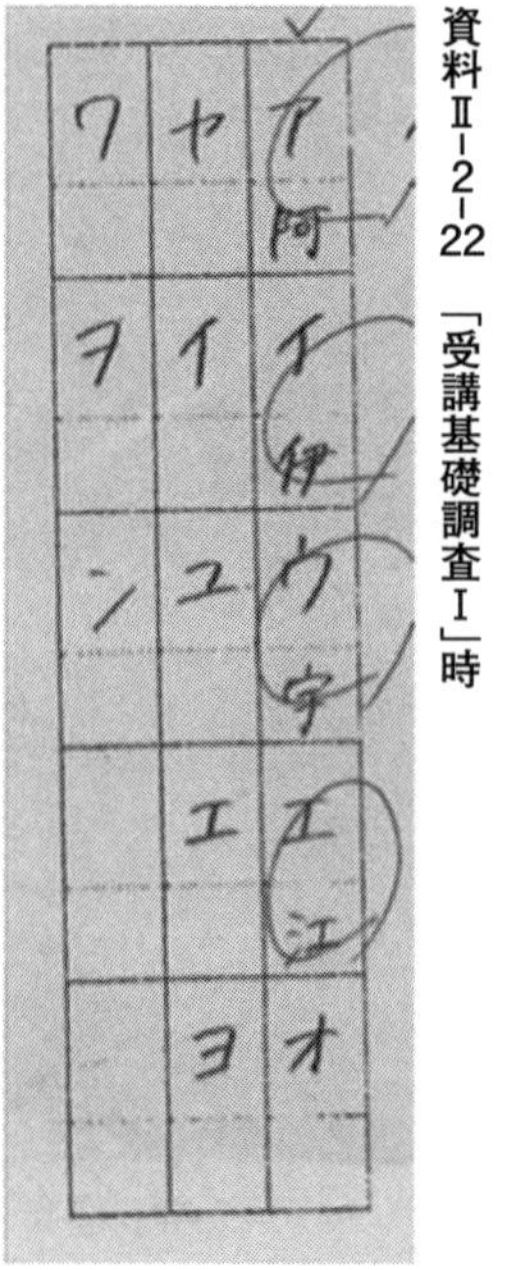

資料Ⅱ-2-22　「受講基礎調査Ⅰ」時

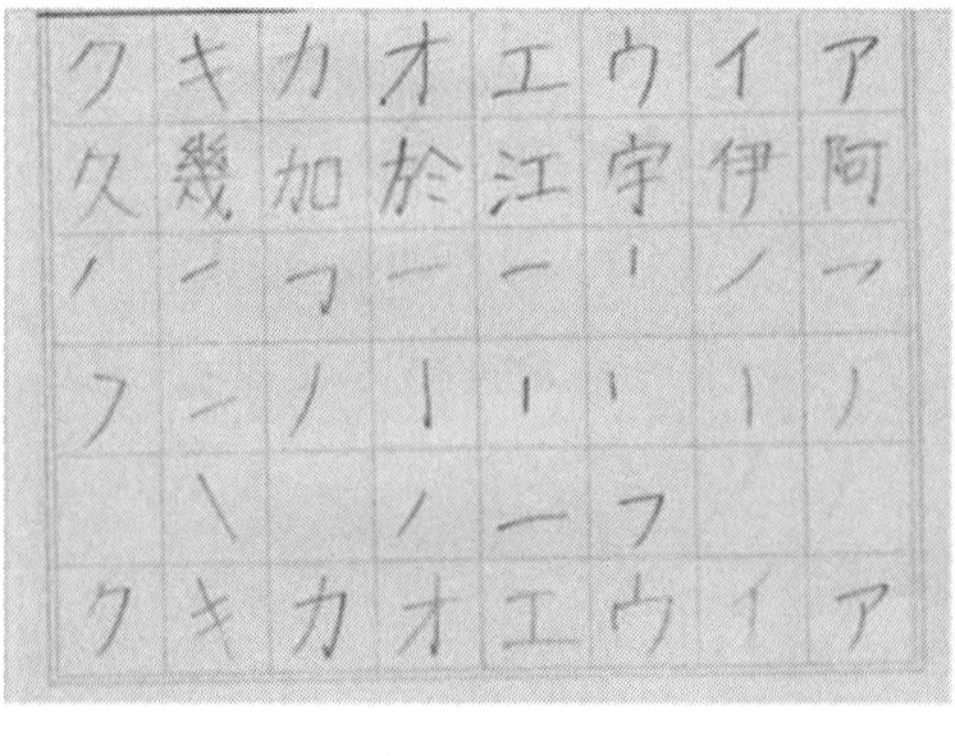

資料Ⅱ-2-23
資料Ⅱ-2-22と同一人のノート

つまり、書字の〈歴史〉性、〈時間〉性及び〈身体〉性を一体的に感知させることが、学生のアウトプットを向上させたのである。

ＰＣ入力なら、私は、特別急がなくても、「あ」を一〇個表示するのは、二秒七三である。「ア」を一〇個表示するのは、四秒七二である。

一方、Ａ４判の原稿用紙のマス目に、私が手書きすると、「あ」を一〇個書くには二三秒四二、「ア」を一〇個書くには一二秒七かかる。ＰＣ入力と手書きとでは、二・七倍から八・六倍の開きがある。

ＰＣ入力の、この〈時間〉感覚が、学生の日常を支配しているわけだ。まさに、使い捨てである。この感覚によって、何を思考するというのだ。

文字を手書きすることは、歴史的時間と、身体的時間とを取り戻すことである。ひいては、落ち着いた思考を取り戻すことなのである。

第二項　筆跡資料を観察させる

第三回授業後半部（片仮名の由来の学習後）で、次の資料を映像及び画像で提示した。そのことによって、仮名の由来に関するおさらいと、第四回授業後半部で扱う漢字の由来に関する予習を連続的に行う。

①　漢字の伝来及び平仮名の発生に関する資料（ビデオ教材『かなの歴史と書法』１の前半部の歴史のみ提示）

「江田船山古墳出土大刀銘」、「隅田八幡人物画像鏡銘」

② 草化に関する資料（画像2提示）
「万葉仮名文書（資料Ⅱ-2-20）」、「藤原有年申文（資料Ⅱ-2-21）」、「秋萩帖（資料Ⅱ-2-22）」、高野切第一種、同第二種、「同第三種（資料Ⅱ-2-23）」

③ 省化に関する資料（画像3提示）
漢文への書き添え（訓点、注など）

以上の画像を使いながら、私がOHCで提示した書字動作を、次のようにあとづけた。

まず、奈良時代中頃に書写された正倉院「万葉仮名文書」（資料Ⅱ-2-30）に見られる二つの「止」の行書化の程度を比較させる。すなわち、一行目三字目の「止」（a）と、二行目一字目の「止」（b）とを比較させる。bのほうが行書化が進んでいる。

aの第四画は、第三画に接するように書き始められていて、直接には連続していない。一方、bの第三画と第四画とは、直接に連続している。すなわち、bのほうが、行書化が進んでいる。

次に、平安時代の初めに書写された国宝「藤原有年申文」（資料Ⅱ-2-21）を観察させる。三行目六字目に「止」（c）が見られる。cでは、bよりさらに行書化が進んでいる。「止」の第一画が次画への運筆を準備してやや斜め倒れている。第二画は、横画ではなく払いに変わり、払いのまま第三画へとつながっている。しかも、第三画と第四画とは、b同様に直接に連続している。

資料Ⅱ-2-20　草化に関する資料(1)

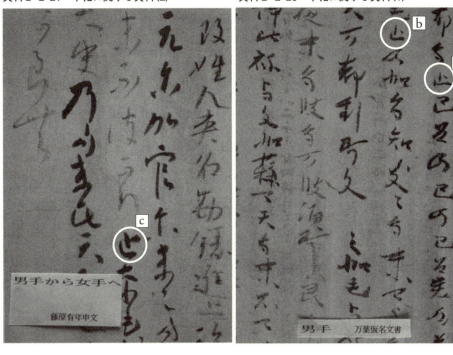

a

b

男手　万葉仮名文書

資料Ⅱ-2-21　草化に関する資料(2)

c

男手から女手へ

藤原有年申文

以上のように、漢字の「止」が行書化され、だんだんと平仮名の「と」の字形に変貌していく様子が追跡させる。

その次に、一〇〜一一世紀に書写されたという国宝「秋萩帖」（資料Ⅱ-2-22）を観察させる。そこには、草書化された二つ（dとe）の「安」が見られる。この二つの「安」は、どちらも「ワかんむり」から書き始められ、「女」の第一画は「ワかんむり」を突き抜けている。言い方を変えるなら、「ウかんむり」の第一画と「女」の第一画とが直接に連続している。それが顕著にわかるのは、eのほうである。

eは、上に書かれている「理」の最終画からの筆脈の連続線が、強く現れている。「ワかんむり」の第一画は、上からの連続のために、省略されている。楷書を基準にすれば、「安」の第三画から、書き始められていると見ることも可能である。

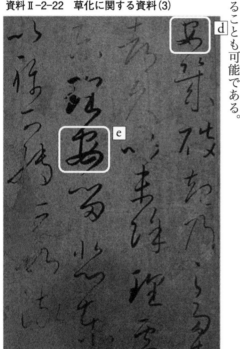

資料Ⅱ-2-22　草化に関する資料(3)

三つ目に、平安時代後期に書写された「高野切第三種」（資料II−2−23）を観察させる。「高野切第三種」[4]の素材は、古今和歌集である。「高野切第三種」は、古今和歌集最古の書写本である。

「高野切第三種」では、書写された言葉も、字形も線質も、洗練の極致に達している。その両者が融合した世界が、「高野切第三種」には見られる。字形や線質は、漢字の行書化や草書化の段階とは、全く異質である。

この中には、五つの「と」が見られる。それらと、「万葉仮名文書」に見られた「と」（a、b）や「藤原有年申文」に見られた「と」（c）とを比較させる。

「高野切第三種」の「と」は、第一筆はすべて斜めに倒れている。第二筆以降は左回りの弧である。画の連続という〈動き〉ではなくなっている。

資料II−2−23　草化に関する資料（4）

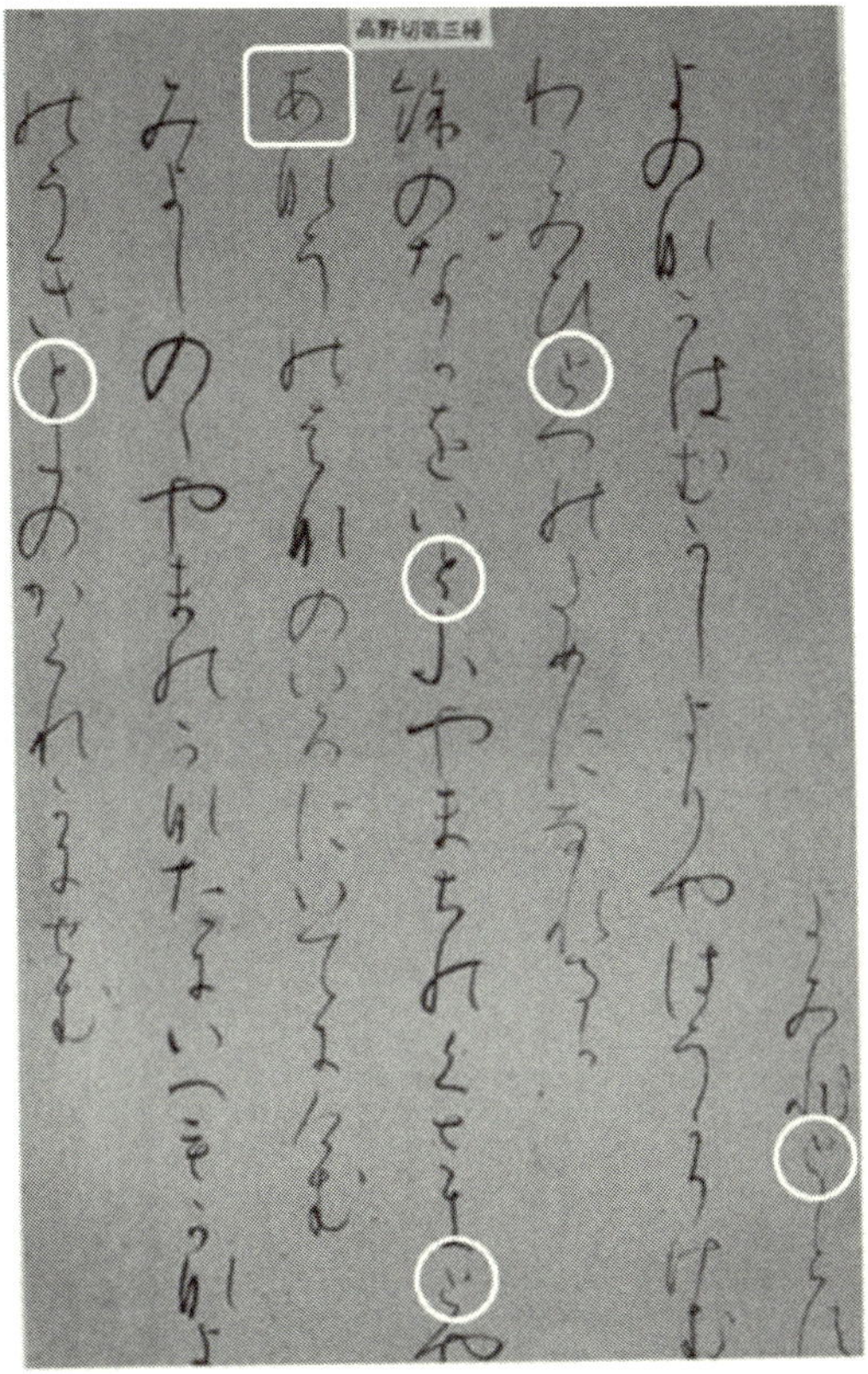

次に、「秋萩帖」の「あ」と、「高野切第三種」の「あ」とを比較させる。「高野切第三種」の「あ」の字形には、漢字の画の面影が見られない。横画、縦画、折れなどが見当たらない。あるのは、深く切れた横線、たわんだ縦線、穏やかに旋回する円弧、……。漢字の面影はない。

最後に、片仮名の使用例については、「大般若経字抄」を見せた。冒頭の「抑」の下に「ヲサフ」と「軛」の下に「クヒキ」と読みが書かれている。平仮名とは全く異なる使い方である。すなわち、漢字の補助的な役割である。

このようにして、学生には、平仮名及び片仮名の形状及び使用例を確認させた。同時に、小学校国語科教科書教材の学的背景を取り出して見せたわけである。

小学校国語科教科書教材にある記述は、極めて単純に整理されたものであることについても念のため触れておいた。学術的に、より確かで深い内容を吸収したいのであれば、国語史、文字史の分野を学ぶべきであることを言い添えた。

第三項　「仮名の由来」の授業に関する学生の反応

前項で述べたようにして、学生には、万葉仮名が草化されて平仮名になったこと、並びに省化されて片仮名になったことを理解させた。学生は、次のように記録している。指定座席の各列から一人ずつを引用する。なお、［　］内は、座席番号である。

資料Ⅱ-2-24　第二回及び第三回授業の学習記録から

［A5］

今日はまず、基礎調査①が返ってきて、間違いが多すぎてこれではだめだと改めて実感しました。そして、授業で平仮名の字源からの成り立ちを学び、初めて知ることがたくさんあって、字源っておもしろいなと思いました。しっかり知識を身につけていきたいと思いました。

今日は片仮名の成り立ちを学んで、しっかり身につけていこうと思いました。また、書きながら、平仮名もそうだけど、片仮名も、文字をつくろうとした想いや発想をした昔の人はすばらしいなと感じました。もし平仮名や片仮名がないと考えると大変なことだと感じました。文字を知ることは日本の文化を知れるので、頑張りたいです。

［C9］

字源を習うことができた。元の漢字とひらがながどこか面影があるようで、記憶に残り、全てを憶えることができた。次はカタカナのようなので、この調子で憶えていきたい。

今日はカタカナの字源を知ることができた。平仮名とかぶる漢字もあり、今日の一限で多くの知識を得ることができた。まだ憶えていない字もあるので、しっかり復習したい。

［D1］

字源は、小さい頃に一回見ただけなので、あまり覚えていませんでした。今日、改めて習い、書いてみて、今度から字を書くときは、字源を意識しながら、丁寧に書いてみようと思いました。

ひらがなでは、字源からじっくり時間をかけて出来あがっているように感じましたが、今日のカタカナでは漢字の一部をそっくりそのままとっているものもあり、おもしろかったです。また、カタカナとひらがなで、字源が一緒のものもあることにおどろきました。

［F7］

今日は今まで知らなかった平仮名の元の漢字の書き方を学習した。難しい漢字から自分の今まで使ってきた平仮名ができていることにはとてもおどろいた。また、書き順を変えるなどの工夫がされていることは昔の人の知恵だと思う。

今日は、先週に引き続き、片仮名の元の漢字の書き方を学習した。片仮名は平仮名と異なり、漢字の一部だけ用いてある字が多かった。また、その一方で、平仮名と片仮名で同じ字源にも関わらず、異なる文字ができていることはすごいと思う。

［G8］

前回、全く分からなかった字源が理解でき、とてもおもしろく感じました。先生が漢字を崩しながら解説してくださったので、どういった経緯で平仮名ができたのかということが目に見える形で分かり、以前より興味を持つことができました。

ひらがなとかたかなでは字源が同じでも、作られた過程が大きく異なり驚きました。縦書きであることや筆を使っていたことなどを頭に入れて解説を聞いていると、後半は何となく予想できるようになりました。

［Ｉ５］

字源を知ることができました。先生が書くのを目で追って、その後にノートに書くと、少し字が上手になった気になりました。来週のカタカナも楽しみです。

今日はカタカナについて学びました。ひらがなと比べてみると、かなり大ざっぱだなと思います。ヲの書き順を今までずっとまちがっていました。まちがいを知ることができてよかったと思います。

［Ｊ３］

先生が書いた字をまねて書く単純な作業でしたが、面白かったです。字源を見ているうちに、納得するものが多くて楽しく学ぶことができました。これから書写の授業が楽しみになりました。

今日は片仮名の字源を学びました。片仮名は本当に簡潔に一部分を取っただけだし、また昔の男の人の性格なども読み取れて、面白いと思いました。それから、もっと大学生としての自覚を持とうと思いました。

［Ｋ３］

字源の中でも、なんでこの字がこのひらがなになるんだろうと思っていたのもあったんですが、書き順や流れを通して見ると、なるほどと思うものが多かったです。カタカナは知らない字源が多いので、次回しっかり覚えていきたいです。

カタカナの字源は、ひらがなと元が同じ字でも全然違う形になっていたりするものが多かったので、そのことにとても興味を持ちました。ひらがなは全体像をとらえたものが多かったのに対し、カタカナは最初の方だけとっているというのは、作った人の性格がみえるのかと思いました。

以上のように、学生は、それぞれなりに、仮名が〈時間〉をかけて、変遷してきたことを理解した。その流れは、自分のところに連続していることにも気づいている。

ＰＣでは、ローマ字を入力し、それを変換することによって、文字を表示する。そのことからは、仮名がたどってきた歴史的時間を知ることはできない。人間が〈身体〉を使って創造してきたことを感得させることができない。

第Ⅰ部で述べた「肥前華子」の平仮名は、印字されたような字形であった。つまり、彼女は、仮名がたどってきた〈時間〉に気がついていないのだ。

前記したような筆跡資料を提示し〈歴史〉性を理解させたり、シャドウイングによって〈身体〉性を感得させたりする。そのことで、仮名がたどってきた〈時間〉に気がつかせることができたなら、彼女は印字されたような字形を書かなくなるだろう。

主体が芽生えている「肥前華子」は、《文化度》の高い人間になるために、筆跡にも《文化》をまとうべく精進するであろう。

私は、「小学校書写」の学生を、《文化》をまとうべく精進するスタートラインに着かせることができた気がした。

第二節　漢字の由来

前項で述べたように、第三回授業後半部において、映像や画像によって、筆跡資料を見せた。その後、漢字の由来を扱った。

漢字は、語と対応している。漢字を書くことは、〈意味〉を書くことである。だから、手書きは、〈意味〉と直結している。

白川氏の言葉を借りるなら「ロゴス」と直結している。だから、手書きは、漢字が根源的に有している言霊に、〈身体〉で触れる行為なのである。

一方、ＰＣは、ローマ字を入力し、変換して漢字を表示する。〈意味〉に、直結していない。「ロゴス」とも直結していない。もとより、言霊の存在さえ、意に介していない。

この点が、漢字文化的には、最悪の落とし穴である。このことを、学生に理解させなければならない。

白川氏は、漢字文化の特質について、次のように述べている（**資料Ⅱ-2-25参照**）。

資料Ⅱ-2-25

しかし、絵画的な表示は、もとよりまだ文字ではない。文字はロゴスをうちに宿すものでなければならない。ロゴスとして、存在のあらわれであることばを、その全体系において受け止めうるものでなくてはならない。従って文字は、古代の文化圏のうちでも、最も高い文化段階に達したところだけで成立した。それらはみな、ことばを視覚化し形象化したもの、すなわち象形文字であった。そしてそれらはまた、神事や儀礼に用いるものとして、神聖文字であった。文字はそのような職事にたずさわる神聖階級によって創出された。楔形文字、エジプト文字、および漢字がそれである。

しかし文字が象形文字であり、神聖文字であるという基本的性格は、近東においてはながく維持されることがなかった。民族の興亡がはげしく、文化の隆替ということもあって、その文字はやがて他の民族によって借用されるようになったが、そのとき異なることばの体系に適応させるために、ことばと文字との直接的な結合を分離することが必要であった。文字はその形象の含む本来的な意味を離れて、音標化された。こうしてアルファベットが生まれる。アルファベットの成立は、文字の大きな進歩とされるものであるが、しかしそのとき、ことばと文字との結合という古代文字のもつ最も本質的なものは失われた。そして漢字だけが、いまもなおその特質をもちつづけている。漢字はその成立以来、三千数百年にわたって、そのことばとともに生きつづけ、中国の文化、またその文化圏としての東洋の文化を培う土壌として、尽きることのない生命の源泉をなしている。ことばの形象的な表現である漢字は、従ってことばと同じようにそれ自身の体系をもち、世界観をもっている。そのことが、漢字文化のあらゆる特質を規定しているのである。

〔後　略〕

（白川静著『文字逍遥』一九八七年　平凡社　一六二〜一六三頁）

つまり、〈意味〉と漢字との結合の仕方、及び漢字の原初的なあり方について、六書[5]を理解することを通して認識させることとした。三千数百年にわたる〈時間〉の流れを、学生のところまでつなげるのである。

第一項　漢字の六書を知らせる（第四回授業後半～第五回授業前半）

第四回授業後半部では、漢字の由来に関する小学校国語科教科書教材（資料Ⅱ-2-26参照）を素材にして進めた。まず、仮名の由来を扱った時と同様に、小学校国語科教科書教材文を音読させた。今回は、資料Ⅱ-2-26にあるように、本文中に虫食い部分を九つ作っている。そこには、「象形」「指事」「会意」「形声」の語が入る。学生を指名して、虫食い部分に適切な語を補って音読させた。

資料Ⅱ-2-26　第四回授業で使用した教材

漢字辞典から広がる文字の世界

●「永」という漢字は、「水」に形が似ているから、意味にも何かつながりがあるのだろうか。

漢字辞典を引くと、次のような説明がのっていた。

二つとも水の流れに関係していることはわかったけれど、この「□」って何だろう。

漢字は、三千数百年も前に中国で、当時の中国語を書き表すための文字として作られました。はじめは、絵をえがくような方法によって、物の形をかたどったものでした。しだいに形が整えられ、現在使われているような形に変わってきました。

この漢字の成り立ちを□といいます。「山」や「川」や「田」などはわかりやすい例ですが、

・飛　・泉　・尺
・革　・片　・豊

なども□の漢字です。

また、形に表せない事がらは、記号のように示すことによって、漢字を作りました。

この成り立ちを□といいます。「一」「二」「三」などの漢字や、次のような漢字がそうです。

・上　・中　・下
・小　・寸　・本

さて、□や□によって作ることができる漢字には、限りがありました。そこで考えたのは、漢字と漢字を組み合わせて、新しい漢字を作ることでした。これには、二つの方法がありました。

一つ目は、意味によって漢字を組み合わせる方法です。例えば、「亻（＝人）」と「木」を組み合わせて、「休」が作られました。「人が木の下で休む」という発想です。「岩」は、「山」と「石」の組み合わせです。「山にある大きな石」を表しています。

この漢字の成り立ちを、□といいます。次の漢字も、□による漢字です。

- 明←日＋月
- 鳴←口＋鳥
- 困←囗（＝囲み）＋木
- 位←亻（＝人）＋立
- 解←角＋刀＋牛

二つ目は、音を表す漢字と意味を表す漢字とを組み合わせる方法です。例えば、「河」は、意味を表す「氵（＝水）」と、音を表す「可（カ）」とを組み合わせて作られました。「飯」は、意味を表す「飠（＝食）」と、音を表す「反（ハン）」とを組み合わせて作られました。

この漢字の成り立ちを□といいます。次のような漢字がそうです。

- 洋←氵（＝水）＋羊（ヨウ）
- 粉←米＋分（フン）
- 供←亻（＝人）＋共（キョウ）
- 批←扌（＝手）＋比（ヒ）
- 誌←言＋志（シ）

このように、漢字辞典で漢字の「成り立ち」を知ることによって、漢字についての理解を広げていくことができます。

二〇一〇年三月一六日文部科学省検定済『小学生の国語　六年』（三省堂）一三八～一三九頁

その結果、学生が、虫食い部分につまずかずに音読できたのは、「象形」文字に関する部分だけであった。残りは、虫食い部分に立ち往生していた。間違って補充したのではない。「指事」「会意」「形声」という語が出てこない。やはり、学生には、知識の蓄積がないのである。それればかりか、それを創出した古代人の世界観に関して関心がないのである。

文字学分野の文献収載の図版を提示しながら解説し、知識を補充させ、関心を喚起させた。

その後、もう一度、教科書教材文の虫食い部分を補充させた。その際には、指定されているテキストを参照したり、漢和辞典で検索したり、グループで協議したりしてよいこととした。

小学校国語科教科書教材に比較して、まったく難解な講義である。しかし、それでよいのだ。明解に整えられたものの水面下に、膨大な未知と未整理が横たわっていることに、学生が少しでも気がつけばよい。

次いで、再度、小学校国語科教科書教材文（資料II-2-26）を音読させた。

今度は、指名した学生に限って言えば、間違って、語を補充した者はいなかった。後に、学習記録を点検して判明したことだが、かえって混乱をした者もいた。それはそれでよいのだ。未知の世界の存在を認識することが、狙いである。

「漢字の由来」に関する授業内容のまとめとして、漢字学分野の、入手が容易な文献を紹介した（すべて、附属図書館で閲覧可能）。

宮本徹・大西克也［放送大学教材］『アジアと漢字文化』（二〇一二年第四刷　放送大学教育振興会）

白川静『漢字百話』（一九七八年　中公新書）

阿辻哲次『漢字の文化史』（二〇〇七年　ちくま学芸文庫）

阿辻哲次『漢字道楽』（二〇〇八年　講談社学術文庫）

以上の内容が、第四回授業前半部の内容である。

第二項　「漢字の由来」の授業に関する学生の反応

「漢字の由来」に関する授業について、学生は、次のように記録している。指定座席の各列から一人ずつを抽出して引用する。なお、［　］内は、座席番号である。

資料Ⅱ-2-27 第五回授業の学習記録から

［A7］

今日は漢字の成り立ちについて詳しく学習しました。転注や仮借ということばを初めて聞き、「文字」が単体の「文」と複合体の「字」であることを知りました。漢字の奥深さを感じ、漢字に対する気持ちが変わりました。

［C7］

今日は漢字の成り立ち、六書について、学びました。形声、象形、指事、会意などの区別がわかっていなかったけれど、これらの違いを区別できるようになりました。また、文字は、甲骨文→金文→篆書→隷書→行書・楷書・草書へと移り変わってきたことを知りました。水戸黄門のテレビの文字は隷書で、そういう身近なものを調べるのも楽しいなあと感じました。

［D2］

今日は漢字の起源について学びました。甲骨文字の存在は、知っていましたが、金文、篆書、隷書の存在は知りませんでした。初めて知った言葉（転注や仮借など）がたくさんあったので、自分で人に説明できるようにします。

［F2］

今日の講義では漢字の起源について、詳しく学びました。「六書」という漢字の分類の仕方や、文字は国の統一といった政治にも影響されていると知りました。説明できるようしっかり頭の中を整理します。

［G1］

専門書では細部にわたり解説がなされていたが、小学校の教科書ではそれらを上手く噛みくだいた説明になっていた。教科書というものは、やはり推敲に推敲を重ねできているのだと感じた。また、「仮借」が掲載されていないことについては、教科書全体を通し、「漢字は偶然できた形ではなく、一字一字が意味を持つんだよ」と強調していた印象があったことから、いわば、「当て字」である仮借を除いたのではと考えた。

［I4］

今まで漢字は適当に作られた記号のようにしかとらえていなかったが、それぞれの漢字には意味があることを知り、奥深さを感じた。ものの形や音から作り出された漢字もあることを知ることができた。これから、漢字のもつ意味を感じながら学習したい。

［J5］

今まで漢字をたくさん勉強してきた中で、ずっと「象形」や「会意」の意味がよく分からなかったので、今日、分かりやすく理解することができました。甲骨文字が漢字の起源ということは知っていたけれど、その後にもいろいろな変化があり、分類され、整理されてきたのが、今の漢字だということを初めて知りました。たぶん、今から、その文字がどの造字法だったのか分からない字や予想外な字などにもたくさん出会うと思うので、しっかり勉強していきたいです。

［K4］

象形、指事、会意、形声といった、今まで聞き慣れた文字の分類からさらに発展して、「転注」「仮借」といった分類があることを知ることができました。これらの分類というのは、単に個々が独立しているわけではなく、別の分類（例えば、表意文字、表音文字など）をすることによって、それぞれの文字につながりがもたらされるということを知り、ますます文字とは奥が深いな…と感じました。

以上のように、学生は、それぞれなりに、漢字が〈時間〉をかけて、生成されてきたことを理解した。〈意味〉と結びついていることを理解した。

漢字は、工業製品ではない。三千数百年の歴史を持った叡智の結晶である。未だに無数の謎が秘められている〈文化〉である。それを日常遣いしている自分は、どういう存在であるのか。相対化させなければならない。漢字を手書きするという行為は、〈意味〉を書くことである。と同時に、漢字の歴史と謎を受け止めることである。言霊に、〈身体〉で接触することである。漢字を、ローマ字に分解し、変換して表示することとは、《文化》的に大きく異なる。その違いに気づかせなければならない。

しかし、私の現状の授業では、そこまで至っていない。

PC依存世代に対する漢字教育及び手書き教育は、史上最大に困難な局面にある。このことを自戒として、「書写」の授業改善を進めなければならない。

［注］

1 大東文化大学書道研究所企画・監修、文部省選定　高等学校書道教材VIDEO5『かなの歴史と書法』(一九九二年二玄社刊)

2 「小学校書写」で学生に提示した筆跡資料(画像)は、鈴木が千葉大学大学院の時代に、文献から接写した。一九八七年度「授業研究」(担当：久米教授、星野助教授)の夏期課題として、課されたレポートの一部である。どの文献の何ページから接写したのかという資料が残っていない。不覚ながら、出典を明示できない。

3　漢字や漢語に片仮名で字音や和訓を書き添えてある例として、『大般若経字抄』の冒頭を提示した。不鮮明であるので本書では画像を掲載することを見合せた。

4　「高野切」は、古今和歌集の最古の写本である。古今和歌集全二〇巻を三人の能書家が分担して書写した。書き手については、諸説ある。書き手ごとに、第一種、第二種、第三種と区別されている。「小学校書写」では、最も清新な書風の第三種を提示した。

5　宮本徹・大西克也〔放送大学教材〕『アジアと漢字文化』（前掲書）の一六八頁には、次のように説明されている。なお、「指事」「象形」「形声」「会意」「転注」「仮借」の訳出及び説明については、〔後略〕とした。

> （3）　六書
>
> 許慎の『説文』著述の目的は、上述のようにこれまでの実用的な字書とは全く次元の異なるものであった。国家経営の根本に関わる正しい文字を解説する書物には、それにふさわしい理論的枠組みとスタイルを備える必要があった。それが六書（りくしょ）の理論に基づく字形解釈と、部首による文字の配列である。
>
> 文字を恣意（しい）的な解釈から救う理論的根拠とされたのが六書であった。六書とは、字形と字義との結びつきを説明するための6種類の原則である⑧。『説文解字』の序文に簡単な説明が具体例とともに挙げられている。決して分かりやすいものではないが、古来漢字の成り立ちは六書によって説明されてきた。〔後略〕
>
> 宮本徹・大西克也〔放送大学教材〕『アジアと漢字文化』（前掲書）の一六八頁　（ただし、原典は、横書き。）

第三章　〈身体〉を作らせる

毎年度、「小学校書写」の第一回授業で、受講基礎調査に解答している学生の姿を観察する。手書きに耐えられる〈身体〉になっていない。本部第一章第一節にあげた写真を、もう一度、見ていただきたい（本書七二、七三頁参照）。

椅子に安定して座ることができない。だから、背筋を立て、机にもたれないで、前方を見続けることができない。筆記具を、拳骨で握りしめるように持っている。だから、苦痛を感じずに、書字し続けることができない。

毎年一月中旬に行われるセンター試験の監督をしている時にも、受験生の姿を観察する。長崎県内の受験生は、「小学校書写」を受講する学生とまったく同様の姿をしている。

受験生は、この二日間、氏名を書く以外は、小さな楕円形のマークを塗りつぶす作業に没頭する。その作業を

資料Ⅱ-1-18g　受講基礎調査を解答しているときの書字フォーム

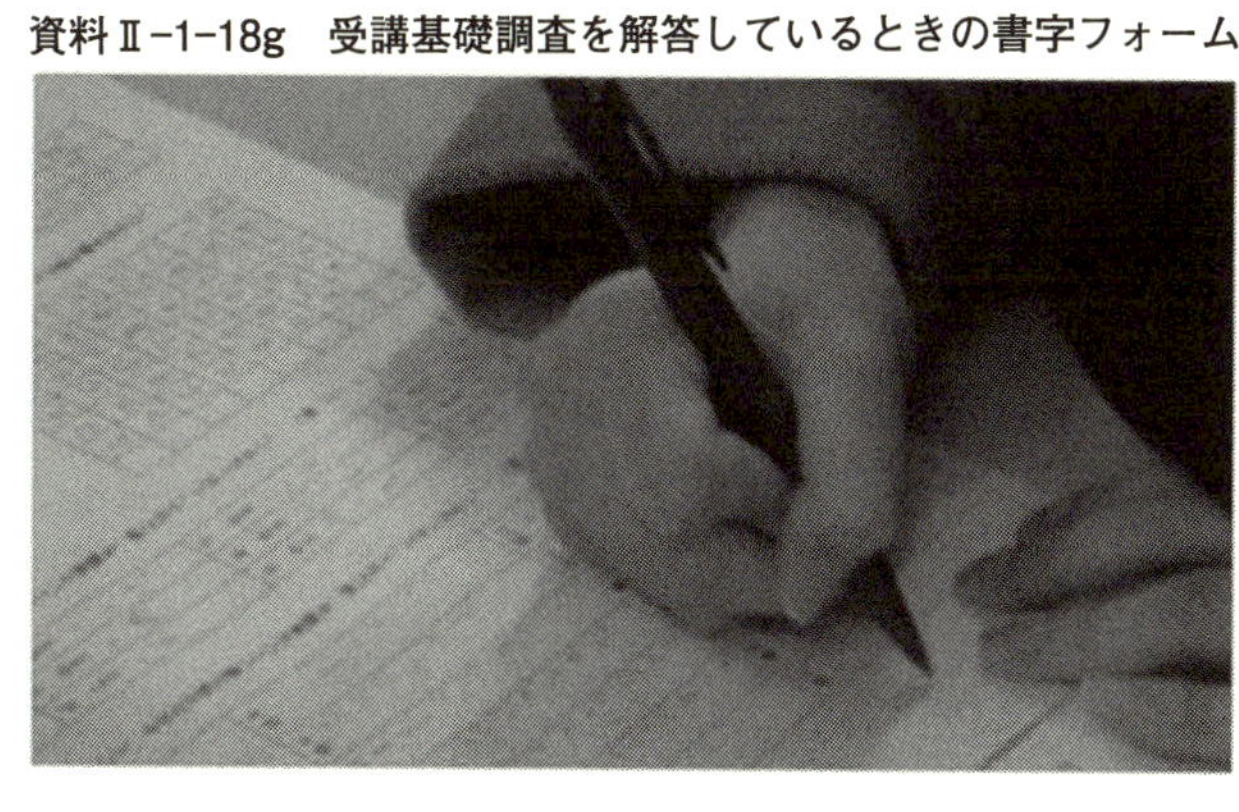

している時に、最も多いのは、親指を突き出した拳骨の持ち方である。本部第一章第一節にあげた写真でいうと、資料Ⅱ-1-18gにあたる。

小さな楕円形のマークを塗りつぶす作業なら、この持ち方でもこなすことができるのだろう。選択する科目数にもよるが、私が監督した会場だと、受験生は、第一日に、地理歴史、公民、国語、外国語（筆記）、外国語（リスニング）を受験する。解答時間は、合計三二〇分間。この間、断続的に、資料Ⅱ-1-21gのフォームで、小さな楕円形のマークを、力を込めて塗りつぶしている。手指ばかりか〈身体〉中が痛くなって当然のフォームだ。

一方、小さな楕円形のマークを塗りつぶすのに比較して、文字を手書きするためには、圧倒的に、手指を緻密に複雑に動かす。

小さな楕円形のマークを塗りつぶすのに慣れている〈身体〉には、文字を手書きする動きは、難度がかなり高い。だから、四月になって、急に、文字を大量に手書きさせられたら音を上げるのだろう。

とにかく、学生の手書きの姿は、手書きするという知的な仕事を果たせる〈身体〉になっていない。手の動きがみすぼらしい。ぎこちなく気品がない。

スマホなら、首を垂れて足を組んで、操作することができる。飲食しながら、寝そべって、操作することができる。だれも、その姿がみすぼらしいとか、気品がないとかは言わない。スマホならそんなことはどうでもよいからだ。

手書きは、知的習慣の入口である。

私は、「小学校書写」で、手書きを通して、〈身体〉を作らせる。手書きを通して、知的習慣を身につけさせる。知的習慣を継続できる〈身体〉を作らせる。

第一節　書字フォーム（第四回授業前半部）

第一項　現実を客観視させる

ゴールデンウィーク中の授業回で、書字フォームに関する内容を扱った。ここでは、その時のやりとりを再現するような形式で記述する。

「今日は、附属小学校で使っている国語の教科書を見せます。」

ＯＨＣを使って、スクリーンに教科書を映し出す。ページを繰りながら、見せていく。

「一年生の国語教科書の始めの方のページには、文字はほとんどありません。絵が中心です。」

「一〇ページ目で初めて、鉛筆を持って文字を書いている絵が出てきます。」

資料Ⅱ-3-1　第四回授業前半部で提示した教材①

出所）2010年検定済『こくご　1上　かざぐるま』(光村図書)10頁

「自己紹介用の名刺を作る活動を通して、他人が読みやすい文字を書くことを学習します。」

「たいていの一年生は、自分の名前を読み書きすることができる状態で入学してきます。だから、この名刺交換の活動は、一部の児童を除いては、難しいものではないです。しかし、文字を書かせる時に、一年生に、望ましい姿勢をさせて、望ましい書字フォームをとらせることはとてもたいへんです1。私も、小学校一年生に鉛筆の持ち方を教えて（本章第三節参照）、そのたいへんさを体験しました。」

スクリーンではなく、学生が、一斉に私を見る。

「それはそれはとてもたいへんなので、望ましいフォームを指導できる親や教師がとても少なくなっているようです1。」

「たとえば、国語教科書の写真を見てください。鉛筆の持ち方を指導するとしたら、どこがポイントになりますか。」

「国語教科書では写真が小さいので、書写教科書を見せます。」

と言って、書写教科書の該当ページ（**資料Ⅱ-3-2**参照）をスクリーンに映し出す。

「これを見ながら、四人組で、五分間、相談して、望ましい書字フォームの要点を見つけてください。」

机間を巡りながら、話し合いの様子を観察する。学生は、友人に撮影してもらった自分の書字フォームの写真と実際の自分のフォームとを比べたり、お互いの書字フォームを比べたりしている。あるいは、スクリーンに映っているページを見ながら、真似している。だいぶ、打ち解けてきたようだ。

資料Ⅱ-3-2　第四回授業前半部で提示した教材②

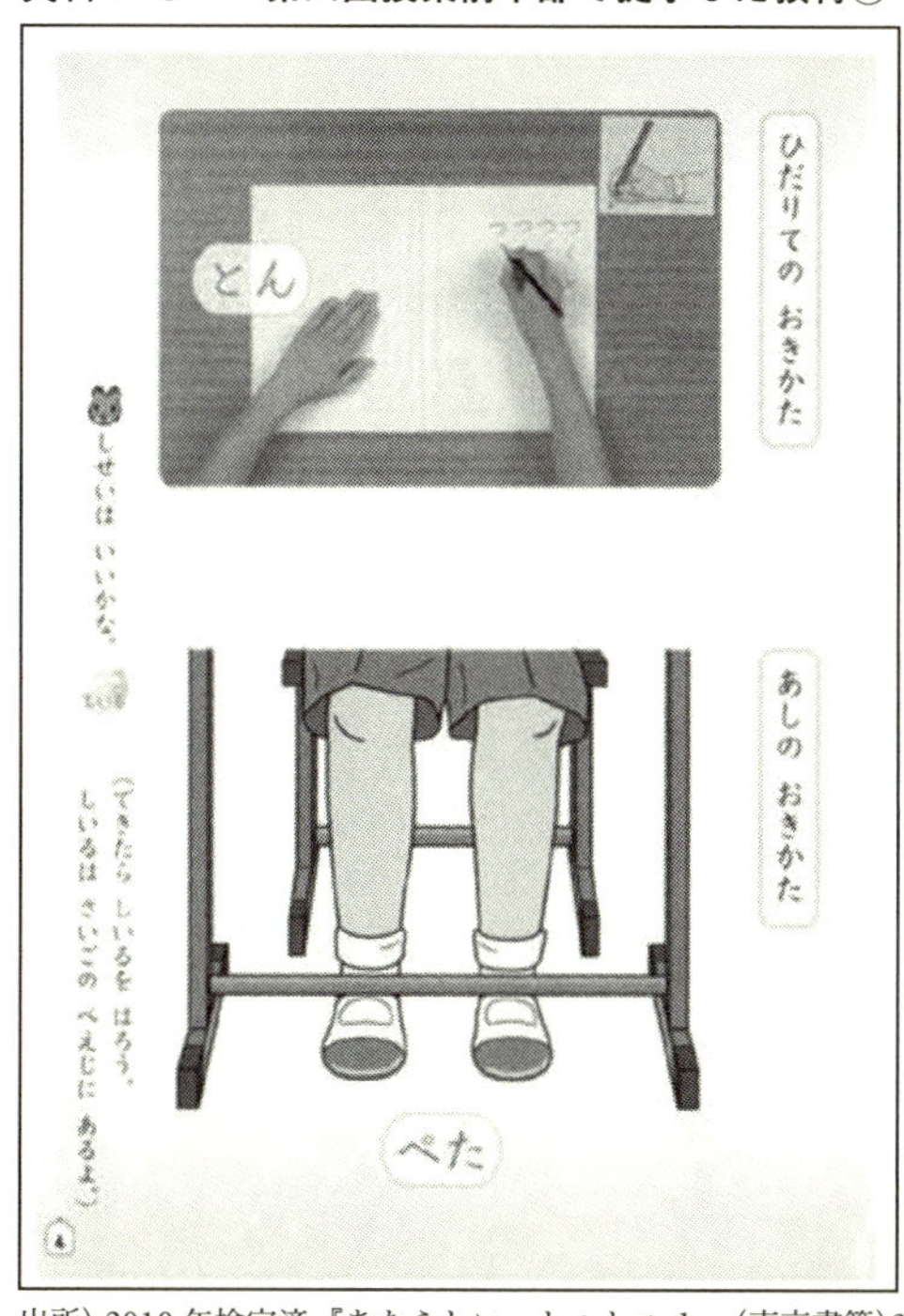

出所）2010 年検定済『あたらしい　しょしゃ 1』（東京書籍）3 ～ 5 頁

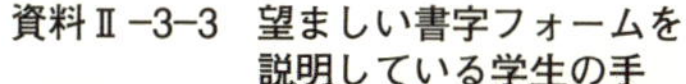

資料Ⅱ-3-3　望ましい書字フォームを説明している学生の手

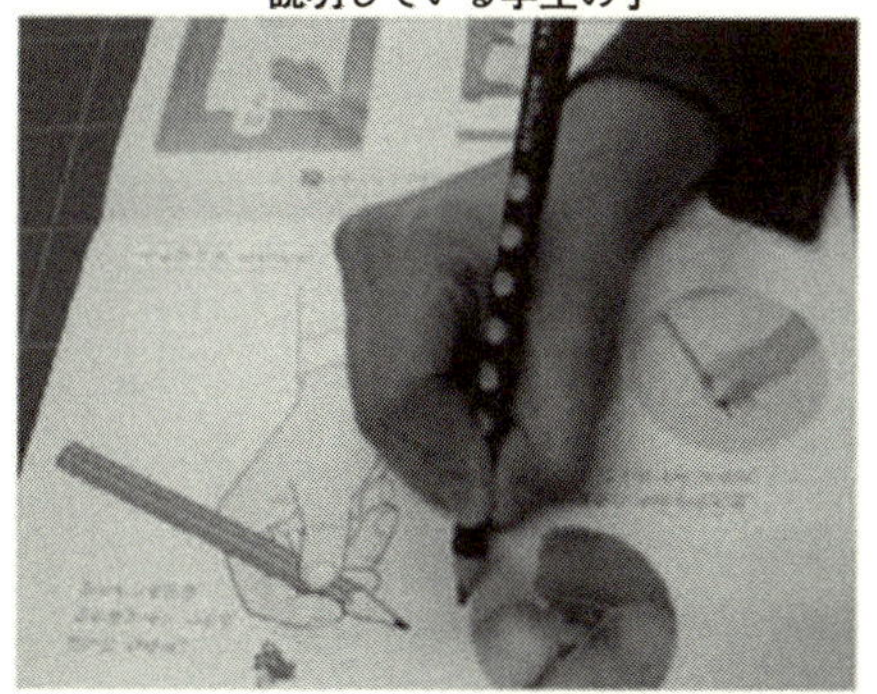

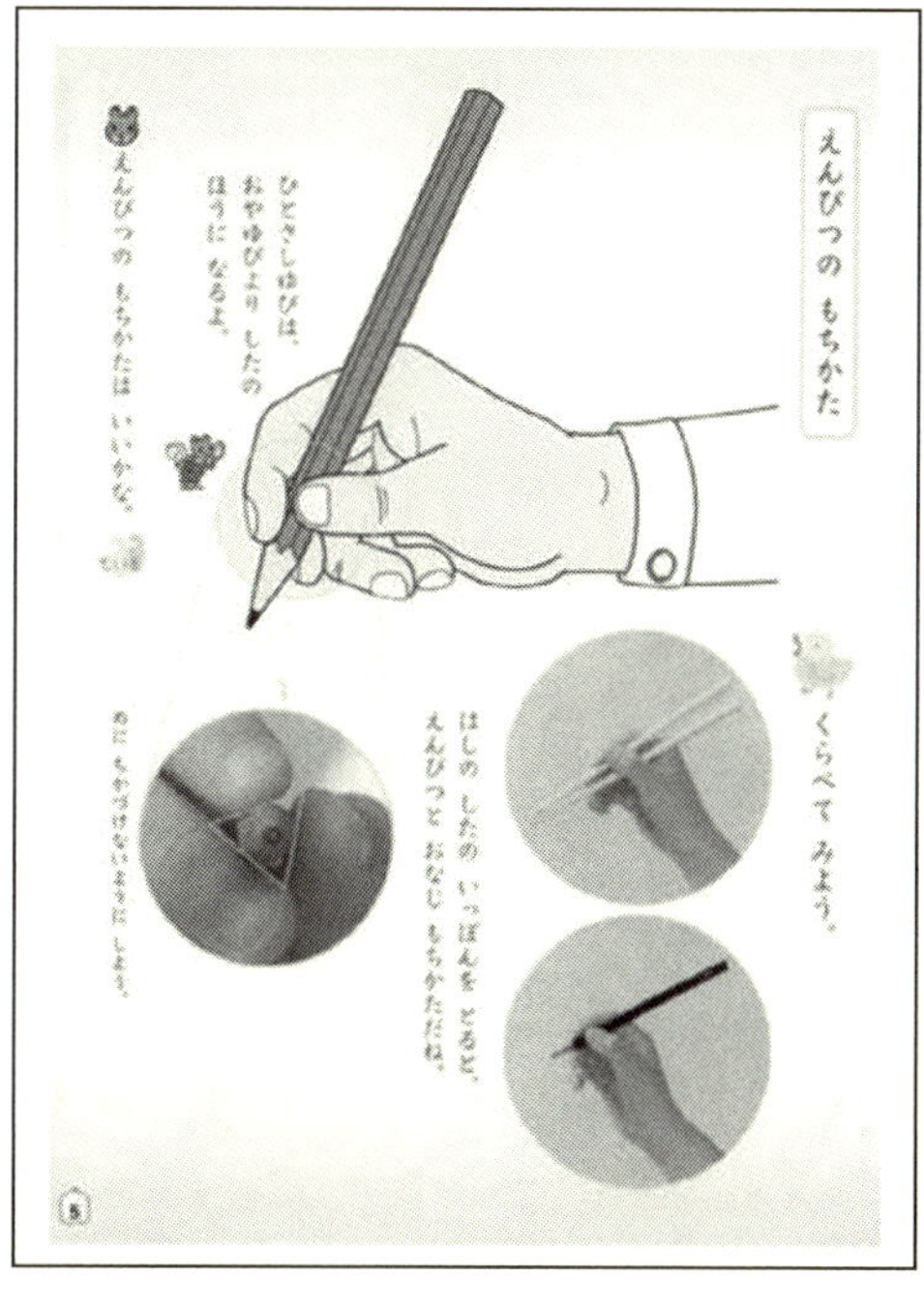

私は、教室を一巡して、教卓にもどり、次のように言った。

「今日は、二五日ですね。五列目の人をあてます。A五番がいるグループの代表者は、教卓に出てきて、自分の手を使って、望ましい書字フォームの要点を説明してください。では、どうぞ。」

学生が、抵抗なく教卓に出てきた。

「この写真のように、下から見ると、三本の指で、均等に持ちます。」

OHCのカメラの下で、掌が上になるようにして、三本の指先を示した。教科書第五ページ左下の写真（資料Ⅱ−3−2）と同じにしたつもりらしい。

鈴木：手の甲側から見ると、どうなっていますか。
学生：こうなっています（資料Ⅱ−3−3参照）。
鈴木：あら、教科書のイラストとは、だいぶ、違いませんか。
学生：あっ、違ってます。
鈴木：それでは、同じにしてみてください。
学生：………。イラストのようにできません。
鈴木：指が自由にならないのね。そうですか。では、しばらく、その姿でOHCに映っていてください。

大きな笑いが起こる。

鈴木：イラストと彼のフォームとの違いを指摘してみましょう。座席にいる人で、違いを指摘できる人は、発言をお願いします。

たくさん手が挙がった。まず、一人をあてた。

学生：人差し指と親指がくっついています。教科書のイラストは、くっついていません。
鈴木：確かにそうですね。それから、ほかにもありますか。
別の学生に発言させた。
学生：人差し指の先が逆に曲がっています。教科書のほうは、変に曲がっていません。
鈴木：そうですね。それから、ほかにもありますか。
学生全員が、スクリーンの手を凝視している。
学生：親指と人差し指の又のところに、鉛筆が触っています。教科書では、人差し指側にくっついています。
鈴木：なるほど。

ＯＨＣに手を映している学生を座席に戻した。学生は、手を振りながら、自分の席に戻った。

資料Ⅱ-3-4ｇ 第2回授業時に学生同志で撮影した書字フォーム①

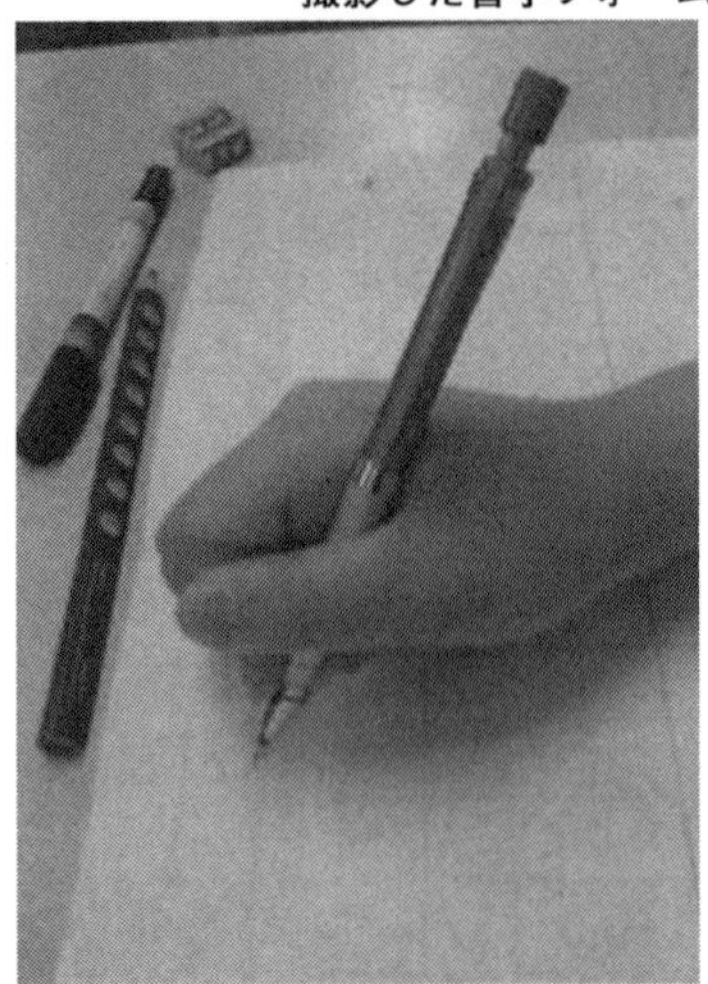

資料Ⅱ-3-5ｇ 第2回授業時に学生同志で撮影した書字フォーム②

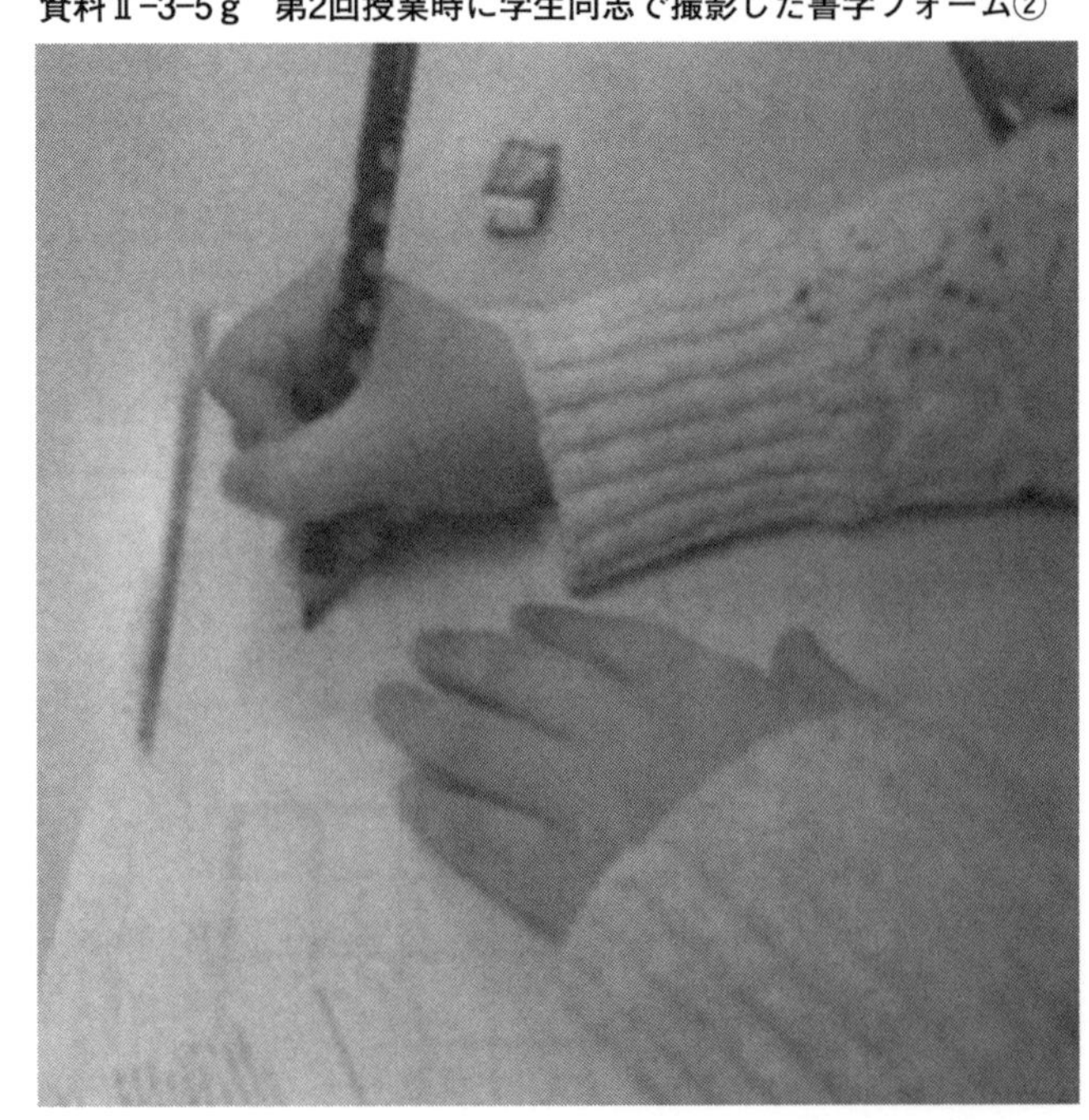

鈴木：先週、撮影した写真を交換してください。

第二回授業時に指定座席の隣同志で、ノートに書字している手元をスマホで撮影し合うよう指示した。この時点では望ましい書字フォームのことにはまったく触れていない。普段の書字フォームを写真にして客観視させるためである。ただ親指側から撮影するよう注意した。学生は嬉嬉として、この活動をやっていた。

ほとんどの学生が写真をプリントアウトしてきている（**資料Ⅱ-3-4ｇ**及び**資料Ⅱ-3-5ｇ**参照）。私が、第一回授業で撮影したものよりも、だいぶ「おとなしい」状態で写真に収まっているようだ。無意識に、写真用の「おすまし」をしたのだろう。

鈴木：その写真を改めて観察してください。自分は、どういう姿で、筆記具を持っていますか。

学生たちは、「ちょっと、違うね。」とか、「左利きだからね。」とか、口々に話している。

鈴木：そうですよね。教科書のイラストとは違いますね。

そういって、第一回授業で私が撮影した学生の手元写真を、スクリーンに映し出した（資料Ⅱ-1-12g～資料Ⅱ-1-22g参照）。大きなどよめきが起こった。学生同志で撮影した状態よりも、格段に、醜い姿であるからだ。

鈴木：皆さんは、二週間前、こういう持ち方をしていました。シャープペンシルを、とても強く握っています。疲れる持ち方です。書字が長続きしません。
だから、自然と、手書きを避けるのかもしれません。

鈴木：教科書のイラストのような持ち方をした場合と、皆さんのような持ち方をした場合では、身体への負担がどう違うかを映像で見てみることとします。

その映像は、市販はされていない。鈴木がかつて制作に関わったものである。そこでは、望ましい書字フォームとそうでないフォームとでの違いを実験で示している。

実験の結果は、以下の通りである。

① 筆　圧 ［望ましいフォームでは、そうでない場合に比較して、小さい。］

② 腕への負担 ［望ましいフォームでは、そうでない場合に比較して、小さい。］

③ 指の可動域 ［望ましいフォームでは、そうでない場合に比較して、広い。］

④ 字形への影響 ［望ましいフォームでは、そうでない場合に比較して、終筆が書きやすい。］

つまり、映像は、望ましい書字フォームで書くと、身体に負担がかからず、人差し指が動きやすく、文字の細かい部分を実現させることができるということを説明している。

映像を視聴した後、指定した鉛筆（ドイツ、LYRA社製）を使って、望ましい書字フォームを改めて指導する。輪ゴムも配付する。

鈴木：指定した鉛筆を使って、身体に負担のかからない持ち方の要点を説明します。説明に従って、フォームを覚えましょう。補助具として、輪ゴムも使います。

鈴木：目指しているのは、子どものころ、砂に人差し指で落書きをした状態です。あるいは、お母さんの背中に、人差し指で、文字を書いた時の状態です。つまり、人差し指の先に鉛筆が生えたイメージです。

鈴木：まずは、削り際に最も近いドットに人差し指の腹を付けます。

次に、人差し指と鉛筆の軸とが離れないように、輪ゴムで軽く留めます。

その時、一番近くにあるドットに、親指、中指を、無理しないで持っていきます。

手のひら側にドームができるようにします。軽くて柔らかなこぶしになりましたか。足に土踏まずがあるように、手にもドームを作るのです。

薬指と小指は、中指に揃えます。

すると、教科書のイラストのように持てます。

一番大事なことは、人差し指が自由自在に動くようにすることです。

では、やってみましょう。


学生は、指が思うようにならずに、四苦八苦している。

鈴木：では、輪ゴムをしたまま、平仮名五十音を書きます。輪ゴムを外しても、フォームが保てそうな人は、
輪ゴムを外して、平仮名二字の名詞を書いてみてください。

資料Ⅱ-3-6g　「望ましい書字フォーム」の解説過程

学生は、力が入らないとか、字形がおかしくなるとか、口々に言葉を発している。

私は、机間を歩きながら、学生の書字フォームを点検した。学生の手指に触れて、補助具の輪ゴムをかけ直してやったり、人差し指と親指との位置関係を直してやったり、掌の空間の取り方をみてやったりした。「持ち方が変わると姿勢も変わるわね」と声を掛けたり、机の下の足を覗いたり、〈身体〉を意識させた。

輪ゴムを装着していれば、全員が、望ましいフォームで、書字することができるようになった（資料Ⅱ-3-7g～資料Ⅱ-3-9g参照）。左利きの学生も、できるようになった。自然に、姿勢も良くなっている。

「望ましい書字フォーム」で書字①

資料Ⅱ-3-7g

「望ましい書字フォーム」で書字②

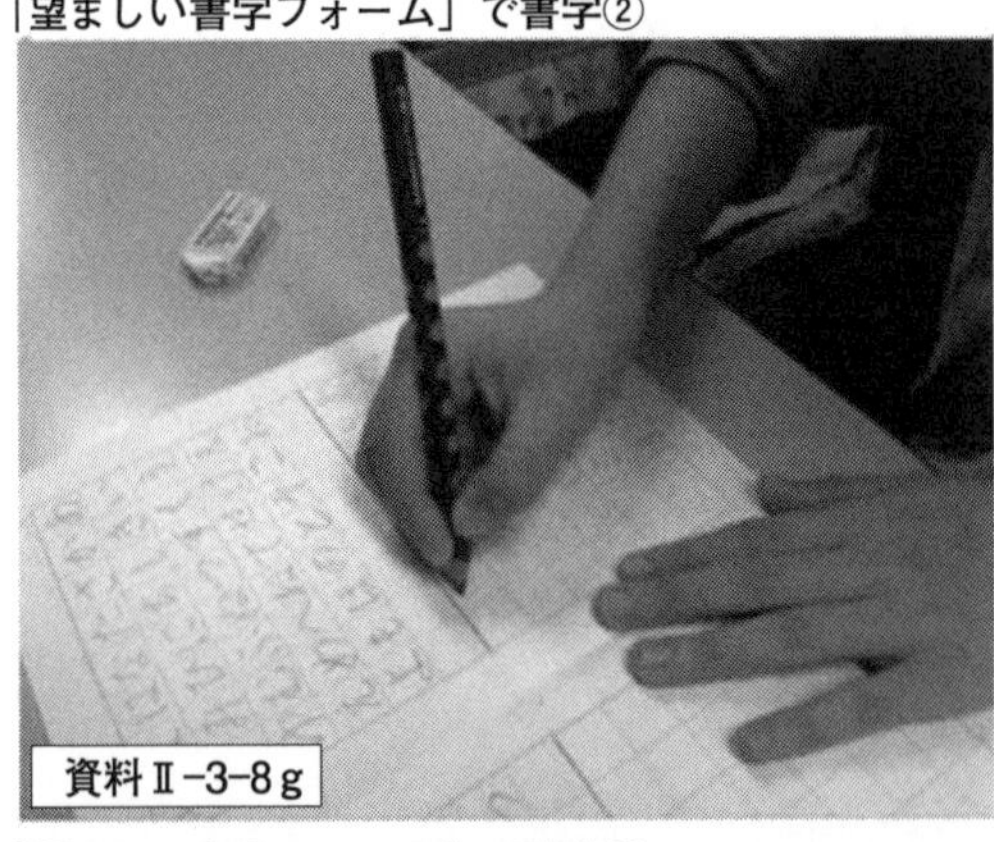

資料Ⅱ-3-8g

「望ましい書字フォーム」で書字③

資料Ⅱ-3-9g

最後に、通常の書字の際に、望ましいフォームがとりやすいシャープペンシルを紹介した。それを使って、望ましい書字フォームを定着させるよう指示した。

第二節　「書字フォーム」の授業に関する学生の反応

「書字フォーム」に関する授業について、［D5］の学生は、当日の学習記録に、次のように記録している。

資料Ⅱ-3-10　第四回授業の学習記録から

［D5］

> 今まで自分のえんぴつの持ち方について考えたことはなかった。しかし、いつも書くときに手が痛くなったりしていたので、自分は人差し指に力を入れすぎているととなりの人と見合いながら、気づくことができ、正しい持ち方は力を入れなくとも書きやすくおどろいた。

七月末の時点では、学生は、どの程度、意識できているか。**資料Ⅱ-3-11g**、**資料Ⅱ-3-12g**で見てみる。

［D5］の学生は、四月当初、鉛筆の軸に、人差し指と中指の二本を載せ、親指で下から削り上げるように書字していた。それが、七月末には、人差し指と親指の二本で、鉛筆をつまむようなフォームに変容している。ま

だ、完全に望ましいフォームになったとは言えないが、手指、手首、腕、及び肩への負担は、かなり軽減しているだろう。

他の学生について見ると、フォーム変容の程度の差はある。しかし、〈身体〉の感覚に、耳を澄ますようになった。不快に対して、敏感になったのだ。

	当人のノートのメモ　等
	(なし)
	前は、人差し指が極端に曲がっていた。 正しい持ち方に変えて、安定した字を書くことができるようになりました。
	(なし)

資料Ⅱ-3-11g　「望ましい書字フォーム」の定着状況①

	４月当初の状態	７月末の状態	
［A 2］	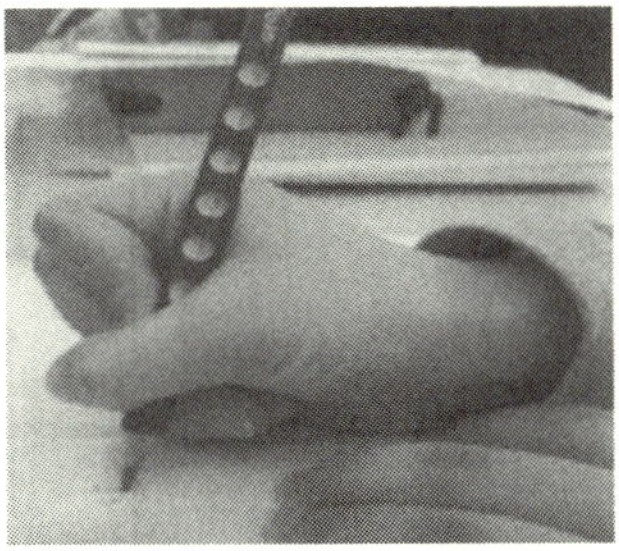	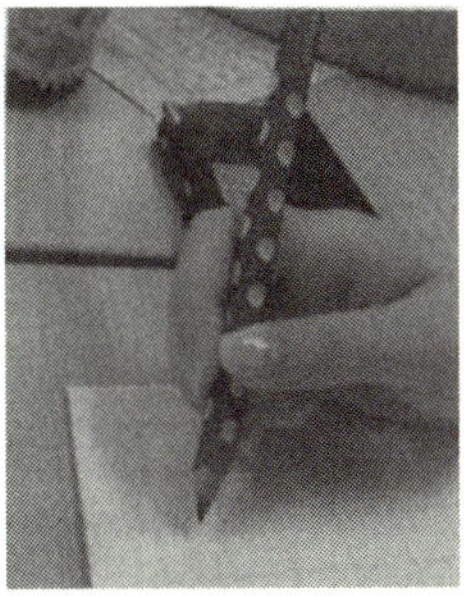	
［C 4］	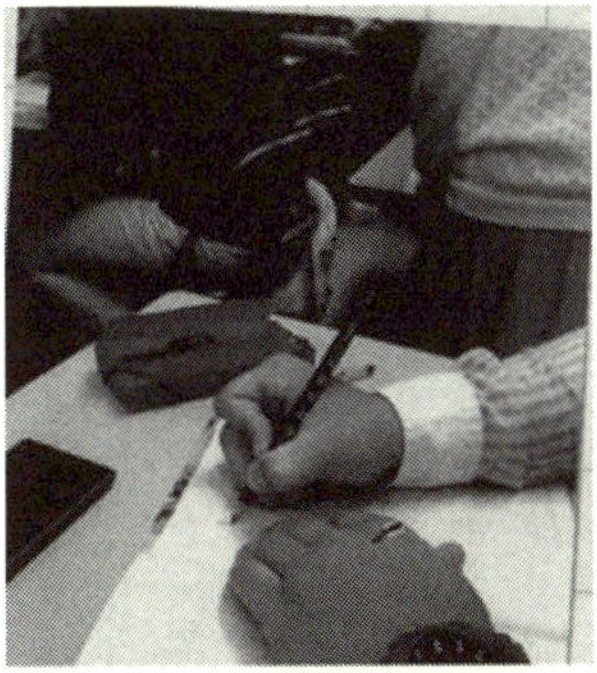	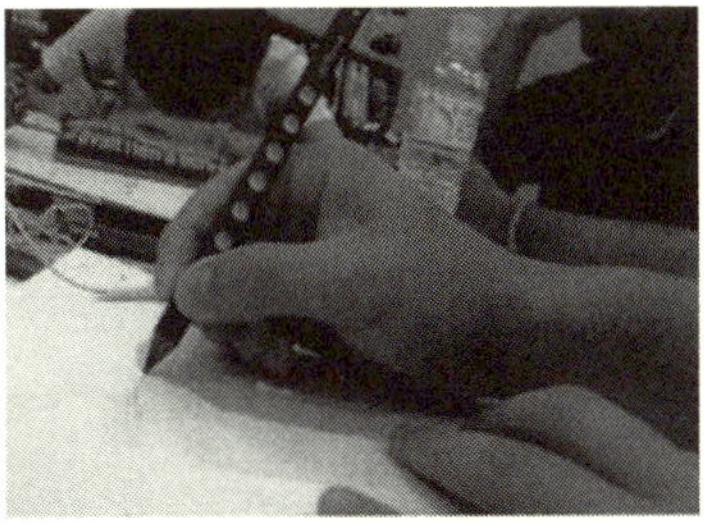	
［D 5］	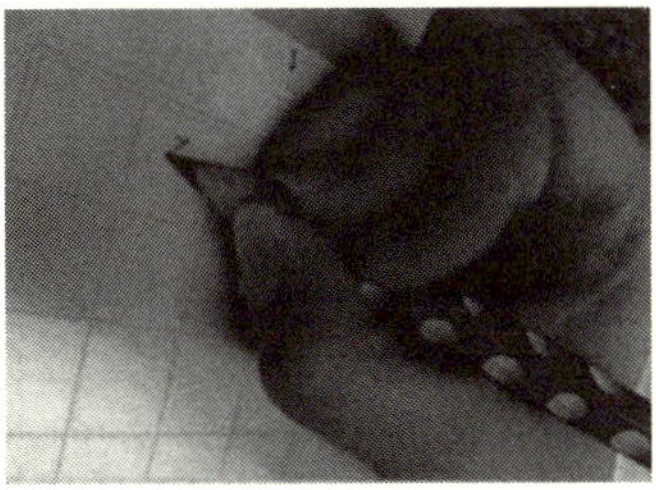	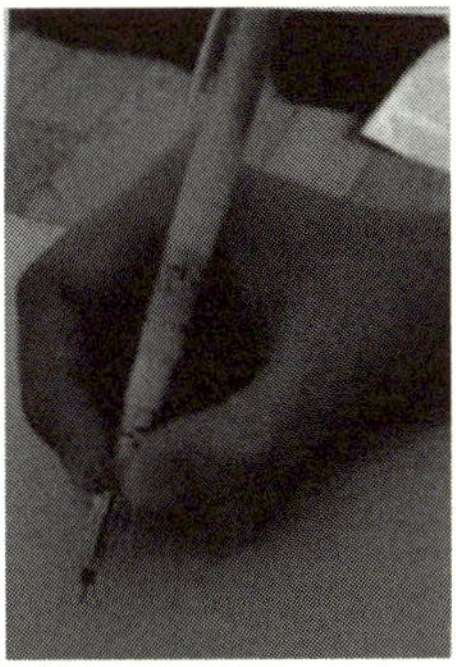	

	当人のノートのメモ 等
	ペンを人差し指に添うように持つことで力を入れなくても、安定して書きやすくなった。また、長い時間、字を書いても手が疲れにくい。
	変わった点 4月当初は、手に力が入りすぎており、筆圧も自然と強くなっていた。今は、鉛筆をつつむように優しく持つことで、長時間文字を書いていても疲れず、筆圧も強すぎない。鉛筆の持ち方から改善していくことで、文字がきれいに書けたり、姿勢が正しくなったり、手が疲れにくかったり、よい点がたくさん見つかった。今後は、意識して美しく持ち、美しい文字を書いていきたい。
	4月当初と今を比べると、一番目に見えている変化は鉛筆の持ち方である。以前までは、親指を出して鉛筆を握るような持ち方をしており、とても不恰好であったが、今は、教科書に載っているような持ち方に変えることができた。教科書の手本のような持ち方の方が力を入れずに書くことができるということがわかった。

資料Ⅱ-3-12g　「望ましい書字フォーム」の定着状況②

	４月当初の状態	７月末の状態	
［Ｆ８］	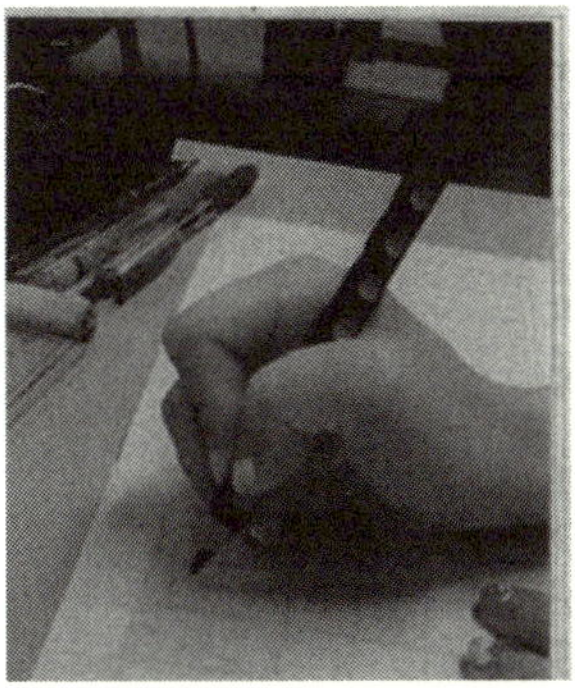	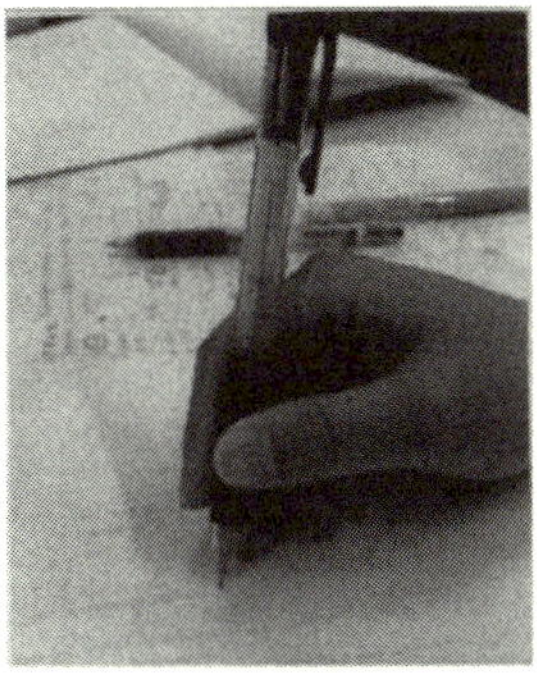	
［Ｉ９］	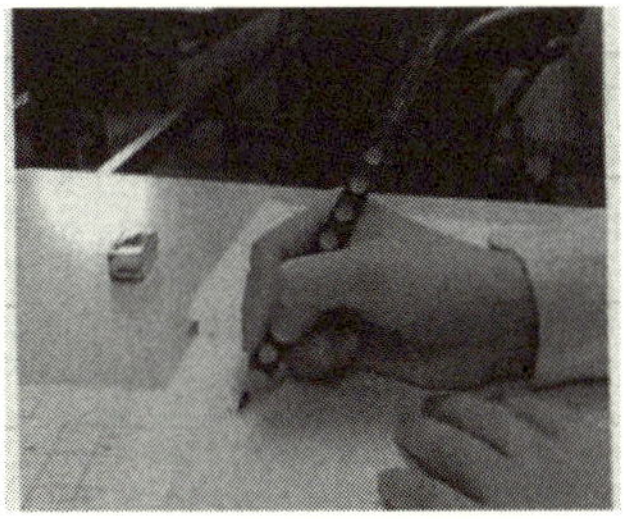	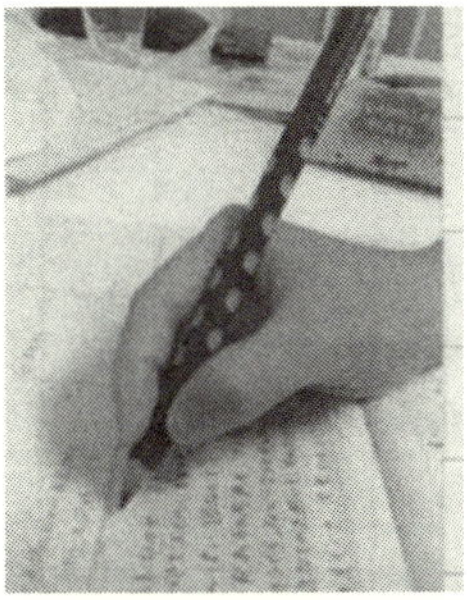	
［Ｋ９］	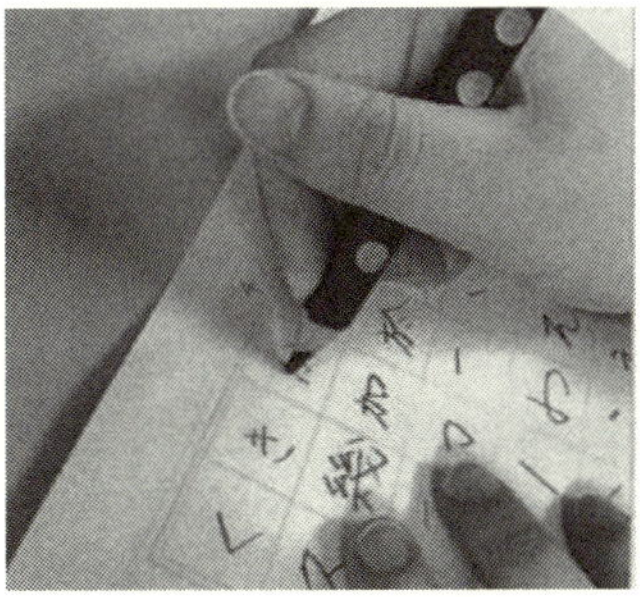	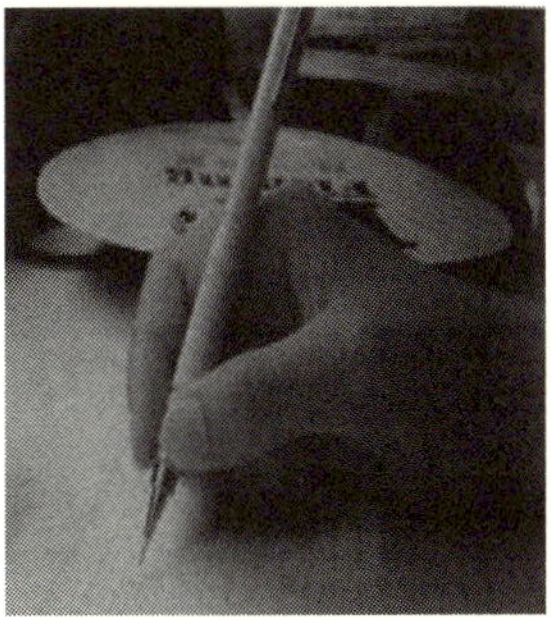	

〈身体〉の機能や感覚を存分に使って、快不快、適不適、美醜に敏感になる。そのことが、《文化》を高めることである。

マウスを使った後で、手書きすると、字がぎこちない。あるいは、マウスをクリックした後では、指が動かしにくくなっている。そのことにお気づきの方もいるだろう。それは、手指が凝っているからである。手指に連なる腕も、肩も、首筋も、背筋も腰も固まっているからである。不快とはそういうことである。〈身体〉の感覚によって、それに気がつく。そのことが重要である。

クリックは、人差し指の、単純な上下運動である。それに対し、手書きの望ましい書字フォームは、人差し指をリード役にし、他の指も連動した手全体の水平運動である。時には、手首や腕全体を動かすこともある。クリックとは、動きの緻密さ、複雑さが大きく異なる。（毛筆の場合には、さらに複雑な上下運動も加わって、より緻密になる。）複雑な構成の文字を書ける。それを、縦書きしたり、横書きしたり、大きく書いたり小さく書いたり、空間に合わせて適切に配置したり、それらを自在に書き分けすることができる。これは、相当に高度な〈身体〉技能である。キーボード入力は、確かに楽である。高度な〈身体〉技能が要らないからである。

その「楽」や機能は、前述した不快感を無視した上に成り立っている。敏感な〈身体〉との引き換えに、手に入れたものであることを認識しておかなければならない。

書字フォームは、〈身体〉の問題であるとともに、《文化》の問題である。

第三節　小学校一年生の書字フォーム

平成二六年六月下旬に、小学校一年生の授業を参観する機会があった。この学級の子どものノートの文字は、他の一年生二学級に比較して、好ましい。担任の板書がよいからだろうと推測している。

しかし、子どもの書字フォームは、半数くらいがまずかった。

ところが、一一月上旬に、再び参観すると、三〇名中二九名がまずい状態になっていた（本部第一章第一節でも述べた）。これは一大事である。

さっそく、書字フォームに関する飛び込み授業を申し入れた。ただし、担任とのチームティーチングである。

小学校一年生には、次の二種類の鉛筆を使わせた。

一本は、大学生に使わせている、ドイツ、ＬＹＲＡ社のアートドットの鉛筆である。

もう一本は、特注の鉛筆（白木三角太軸、２Ｂ太芯）である。大学生に使わせているＬＹＲＡ社のアートドットの鉛筆は、難を言えば、芯の発色と書き味がよくない。特注の鉛筆には、世界一の品質と言われる日本のメーカー製の芯を入れている。黒が美しく、滑らかな書き味である。また、アートドットは特注できなかったが、三角太軸の形状は、ほぼ同一である。

まず、ＬＹＲＡ社のアートドットの鉛筆で、指の位置関係を覚えさせた。次に、鉛筆の軸と人差し指とが離れないようにすることを理解させた。この時、大学一年生同様に輪ゴムを使った。が、うまくいかなかった。輪ゴムで留めても、鉛筆の軸が動いてしまう。手指が細く柔らかい。その上、手指の力が弱い。

「できない！」「わからない！」の大合唱となった。

その代わり、輪ゴムに加えて、ピンポン玉状の補助具2を併用すると、望ましい書字フォームがとれた。つまり、鉛筆の軸と人差し指とが離れないようにすること、手のひら側にドームを作るということ、を指導することができた（**資料Ⅱ-3-14g** 及び**資料Ⅱ-3-15g** 参照）。ピンポン玉状の補助具を握ると、拳を軽く握る感覚が理解できるらしい。その後は、担任が継続して指導している。家庭でも補助具を購入して指導したいと

補助具で矯正中（右と同一受講者）

普段の書字フォーム（小学校1年生）

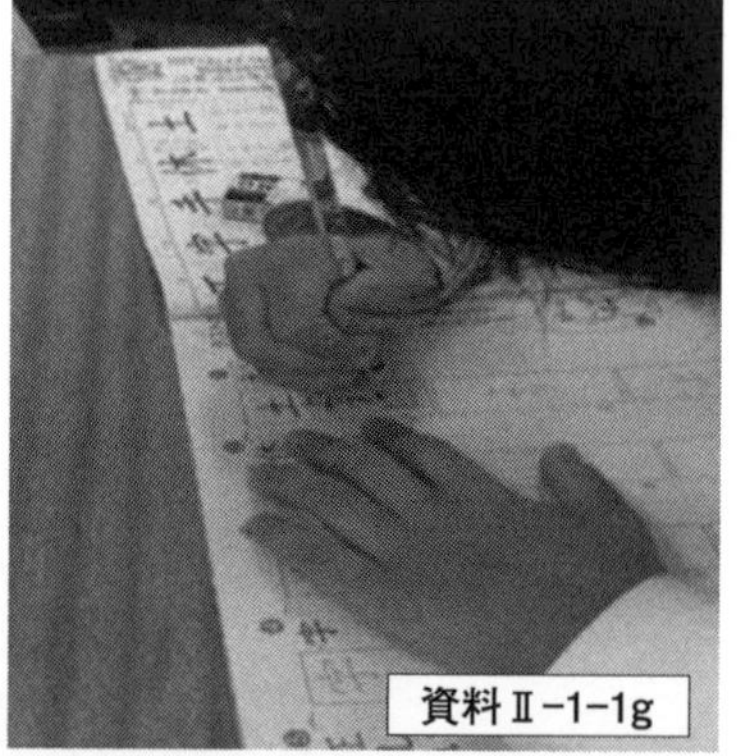

資料Ⅱ-1-1g

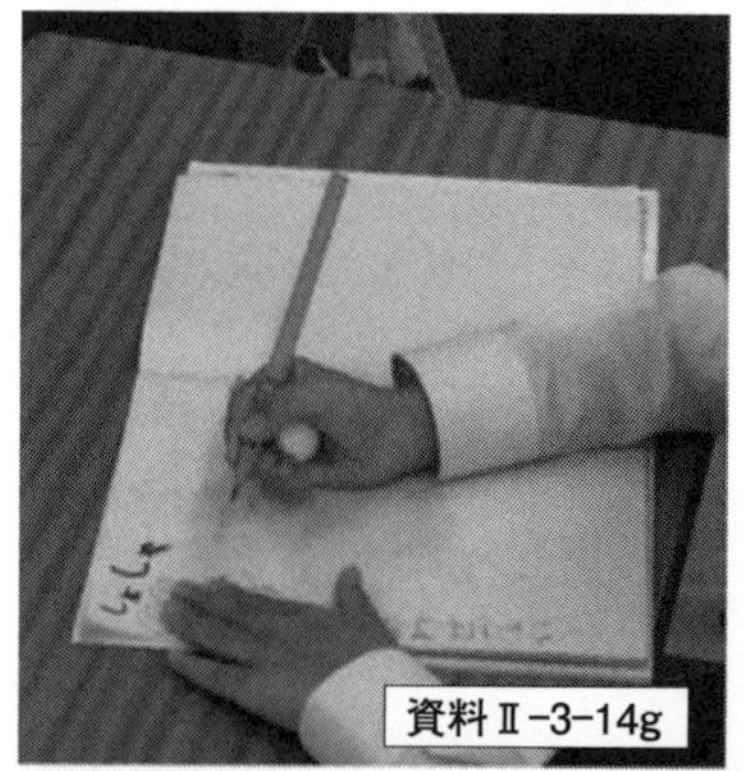

資料Ⅱ-3-14g

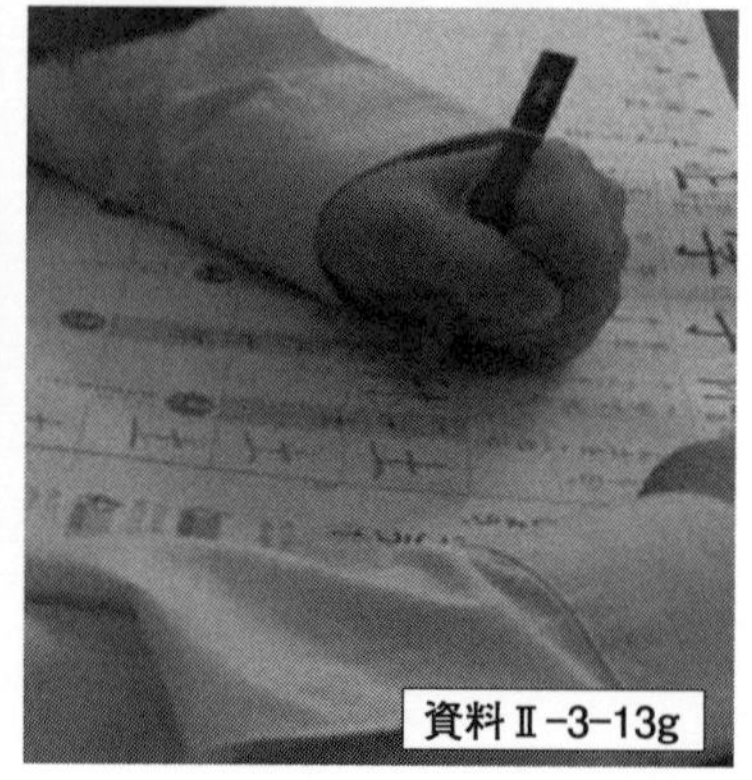

資料Ⅱ-3-13g

資料Ⅱ-3-15g

の反響があったそうだ。

そして、「どちらも使ってみてください。書きやすいほうをあげます。」と言った。すると、一年生は、二名以外は、ＬＹＲＡ社のアートドットの鉛筆を選んだ。

一年生にとって、何が書きやすいのか。今後、調査してみる必要がある。アートドットの鉛筆のほうが、色が恰好良いからか、指の位置がわかりやすいからか。あるいは、紙に引っかかる書き味のほうがよいのか。それとも、別の要件か。

小学校低学年までは、力を入れて握りしめないと、鉛筆が持てないほど、手指の力が弱い。握りしめないでも、書字できるような道具を開発すべきである。

ちなみに、ドイツ製の子ども用筆記具は、デザインも機能も、優れている。このような筆記具で育った子どもの書字フォームを調査してみる必要がある。

なお、一月に、同じ小学校の五、六年生に、書字フォームを指導した。

この時も、最初は、全員がまずいフォームであった。

しかし、輪ゴムとピンポン玉状の補助具等を使用して、大学生クラス並に、書字フォームの指導に成功した。

つまり、五、六年生児童が書字フォームの理屈を理解し、輪ゴムとピンポン玉状の補助具等を装着した状態なら、望ましい書字フォームで全員が書くことができるようになった。

その時に、男の子が、「すげえ、楽！　なんだこりゃ。」と言って、私をキラキラしたまなざしで見ていた。末尾で、氏名を書く指導をしたところ、「先生のように書きたい！」「次は、何を書くの！」と、大学生より反応がよかった。

課題は、その気持ちを継続させてやる指導ができるかである。

第四節　教員の書字フォーム

平成二六年夏の教員免許更新講習で、受講者（小学校教員、幼稚園教員、及び保育士）に、「小学校書写」を受けている学生の書字フォームを見てもらった。「ひどい」「痛そう」「醜い」などと嘆かれた。

受講者は、三三歳前後、四三歳前後、及び五三歳前後の五〇人である。それぞれ、教員免許を取得してから一〇年、二〇年、及び三〇年が経過している。「小学校書写」の学生が担任してもらった可能性もある。

ところが、この五〇人中、辛うじて三人しか望ましい書字フォームの者はいなかった。それ以外の四七人は、何らかがまずい。拳骨タイプは、大学生よりだいぶ少ない。それでも、アンケート回答にあるように、〈身体〉への負担を感じていたようだ（資料Ⅱ-3-17参照）。

受講者にも、教科書に掲載されているモデルのようなフォームを身につけてもらう。方法は、大学生に行ったのと同様である。

なお、受講生が、記述した書字フォーム矯正前及び最中の感想は、資料Ⅱ-3-17の通りである。

講習の中で、保護者も教師も、子どもの書字フォームに問題を感じているにも関わらず、自信を

資料Ⅱ-3-16g
輪ゴムで矯正中(右と同一受講者)

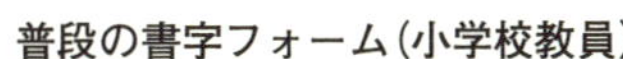
普段の書字フォーム(小学校教員)

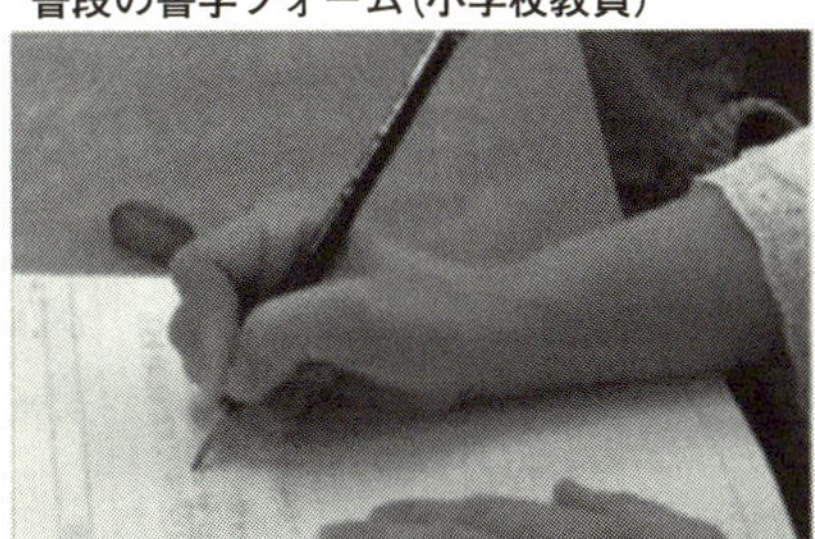

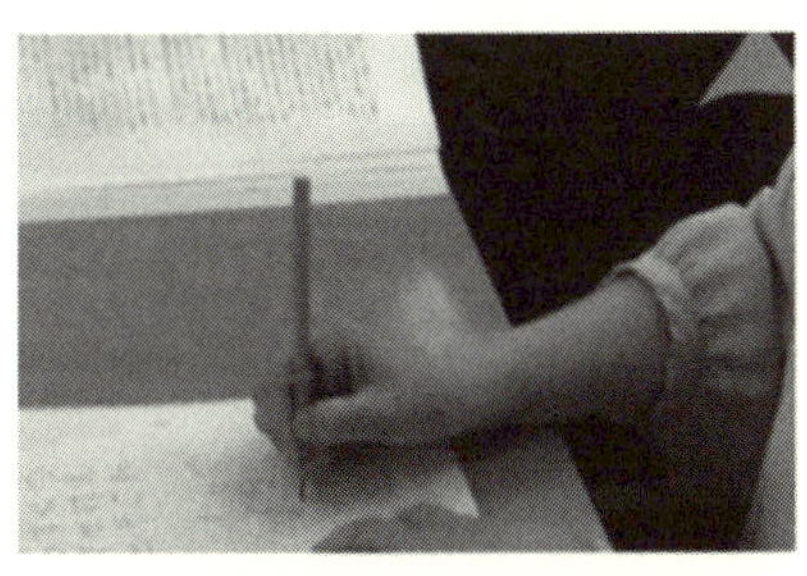

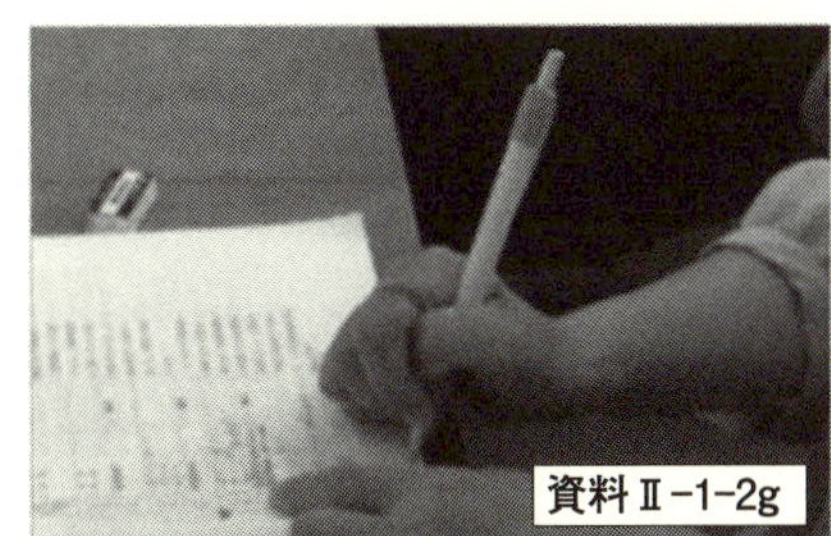

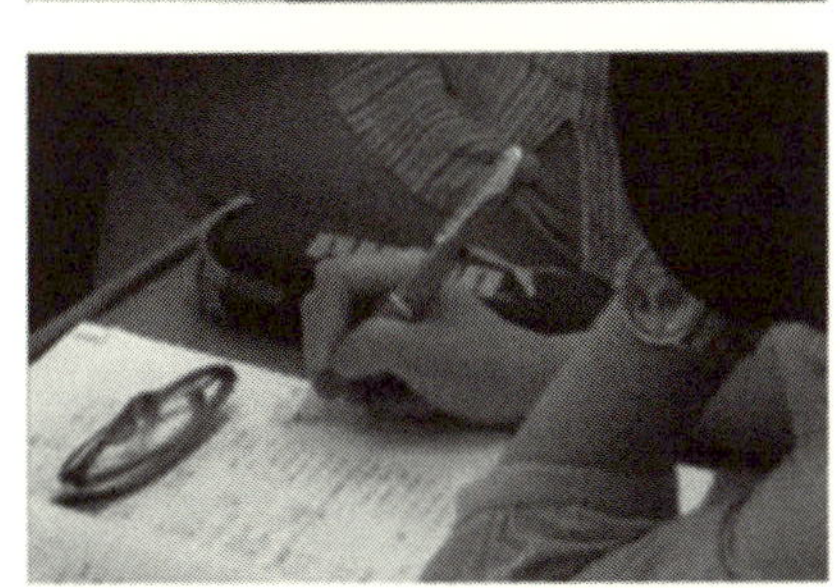

	矯 正 中
	・力があまりかからない。(5名) ・筆圧が一定して、不要な力が入らなくなった。 ・ボールを使ってみて、今までの持ち方は力が入っていたなと感じた。 ・まだ慣れていない感はあるが、ドームを意識するとすごく力が抜けて楽に書ける。(2名) ・人差し指と親指の位置に気を付けて、ドームを作ろうと思う。 ・親指は人差し指と同じくらいの位置だと思っていたので、今日の時点では親指が少し痛かったが、慣れてくれば疲れにくくなるのではないかと思う。 ・今までの持ち方になれているので、きれいに速くは難しいが、修正できると断然楽に書けていいと思った。 ・姿勢が良くなった。(7名) ・姿勢を意識するようになった。 ・とめ・はね・はらいがきれいにスムーズに書ける。(2名) ・縦・横にまっすぐ書けるような気がした。(バランスよく書ける気がする。) ・鉛筆が立っている。 ・鉛筆の先の動く幅が広くなった。 ・人差し指との一体感がある。 ・字が少し薄くなったように感じる。(余計な力が入らないから) ・正しい持ち方だと思っていたのが、実は少し間違っていたとわかった。これから気を付けたい。 ・子どもたちに指導をするポイントを教えていただいたので、今後に生かしたい。 ・子どもに指導するのに悩んでいたので、ぜひ2学期に輪ゴムを使って教えたい。 ・まだまだ手になじんでいないが、子どもたちに持ち方の指導を自信を持って行う事ができる。 ・紙をまっすぐにして書けるようになった気がする。 ・手の左右のブレが少ない。 ・正しい持ち方に慣れていないのできれいに書けない。 ・なかなか慣れずに元に戻ってしまう。

資料Ⅱ-3-17 「望ましい書字フォーム」に関するコメント（教員）

普　段	
・筆圧が強すぎる。	
・力が入りすぎる。	
・長時間書くと中指の先の方（第一関節あたり）が痛くなってくる。	
・小さい頃から「姿勢が悪い」と注意されることが多かった。筆圧も必要以上に強い気がする。	
・指に鉛筆ダコができる。	
・疲れまではいかないが、親指に力が入ってしまう。	
・指先に力が入りすぎている気がしていた。	
・久しぶりに書くと手が痛くなる。	
・紙を斜めにして書いてしまう。	
・自分も正しい持ち方ではないのに、お店とかで妙な持ち方をしている店員さんがとても気になる。	
・中指にタコができることがある。鉛筆の芯と紙との間に距離がある。	
・持ち方を意識して書いたときは字の形がきれいになるということは感じている。しかし、慣れない持ち方なので、普段は「今の持ち方」をすることが多い。	

持って指導することができないでいることが見えてきた。その裏には、保護者や教師の、次のような心理が隠れている。

一人に一台のタブレットPCを持たせて学習する時代がもうそこまで来ているから、筆記具の持ち方は、そう大事ではない。……

大人になったら、手書きすることなど、ほとんどない。……

鉛筆のよい持ち方は、自分もできないし、……

持ち方よりも、どのような文字が書けるかだ。いや、内容のある文章が書けることが肝心だ。……

つまり、保護者や教師は、文字を手書きすることに、確固とした価値を見出すことができないのである。文字を手書きすることに、確固とした価値を見出すことができるのであれば、指導に対する動機付けができる。もちろん、学習指導要領には、書字フォームに関する記述がある（第Ⅰ部第三章の冒頭、参照）。「だから、望ましい書字フォームの指導をしてください」、そういう理屈で保護者や教師を縛ることに効力はない。

保護者や教師を、自信を持って、指導に向かわせるには、この分野の研究者が、手書きの価値を切り出して見せることが必要である。

［注］

1　谷田貝公昭他「親と子における箸と鉛筆の持ち方についての調査研究」『日本保育学会大会研究論文集』第四三巻（一九九〇）に、下表のような調査結果がある。さらに、同調査研究の「結語」には、次のようにある。

> 4．結　語
> 今回の調査でも、箸と鉛筆の持ち方使い方はひどいものであった。いっこうに改善の兆しがみえないどころか、ひどくなっていく傾向さえ伺える。モデルとなる親自体がもはやモデルに成り得ないばかりか、何がまともで何がまともでないか分からなくなってきているようである。
> 今後、さらにこの研究を深めたい。
> 〔ただし、原典は、横書き。〕
> 谷田貝公昭他「親と子における箸と鉛筆の持ち方についての調査研究」（前掲書）八七頁

2　児童かきかた研究所製の「ユビック・α」を使用した。

	4	5	6	7	8	9	10	11	12	平均
男	5.7	8.5	11.7	12.7	12.6	12.0	9.5	20.0	8.1	11.4
女	3.8	6.7	11.8	13.2	10.4	9.3	12.5	11.6	7.7	10.0
計	4.5	7.5	11.7	12.9	11.4	10.5	11.2	14.0	7.9	10.6
子どもが正しく持っていると思っている親	30.0	59.0	53.4	50.5	63.8	59.2	55.4	57.4	54.0	54.3

（%）

谷田貝公昭他「親と子における箸と鉛筆の持ち方についての調査研究」（前掲書）87頁

第四章 〈時間〉をかけさせる

――身体的時間――

手書きには、「標準」だろうが「標準外」だろうが、一文字を書くために、筆順が存在する。筆順は、方向と順番と〈時間〉（身体的時間）との、三要素からなっている。この三要素が、人間の思考に関係しているのではないか。

最近、学生が提出するレポートやレジュメを読んでいて、次のように感じる。

このレポートを書くのに、どれくらいの〈時間〉がかかっているのか。このレジュメを作るのに、どれくらいの〈時間〉がかかっているのか。

単純な変換ミス、脱字、「コピペ」したままのフォントの不揃い……。

一見して整った体裁であるが、少し読み始めると、横着なミスが連なっていることにうんざりさせられる。

これは、草稿なのではないか、提出版と草稿版とを取り違えているのではないかと、思い直したりする。

本部第二章第一節でも記述したが、単純に比較して、手書きすると、ＰＣ入力の二・七倍から八・六倍の時間がかかる。（手書きで「あ」を一〇個書くには二三秒以上、ＰＣ入力なら三秒もかからない。手書きで「ア」を一〇個書くには一二秒以上、ＰＣ入力なら五秒もかからない。）

つまり、二・七倍から八・六倍の時間を費やして考えるのと、そうでないのとでは、違いがあって当然である。手書きは、その行為自体に、〈時間〉をかけた推敲と同等の機能が備わっているのではないか。

たとえば、私のゼミの四年生（六名）は、口を揃えて、次のように言った。学部時代を振り返って、最も「きつかった」のは、手書きを指定され、毎週、Ａ４判レポート用紙一枚分の予習を課された授業であったと。

「コピペできないって、きつかったよね。」

「予習のテーマに関係する資料を、手で写すだけだったけどね。」

「だから、ＡＡが取れた時は、めっちゃ、うれしかった！　コピペでＡＡが取れた科目には、引いた（白けた…引用者注）けど。」

第一節　〈意味〉を決定する過程

手書きは、一文字を書き上げるのに、〈時間〉がかかる。その〈時間〉に、人間は絶え間なく考えている。ＰＣマシンの操作に思考力をかすめとられることなく、〈意味〉を書くことに、全思考力を集中させることができる。

一部の頭の回転が速い人は、手書きの速さでは、頭の回転の速さに見合わないということがあるだろう。しかし、一般には、手書きの速さで考えたほうが、PC入力に比較して、単純なミスや論理の飛躍は断然に少ない。逆に、PC入力での単純なミスや論理の飛躍は、頭の回転の速さが、PCに追い付いていないことを示している。これは、私自身への戒めである。

つまり、筆順は、頭の回転を制御する〈メトロノーム〉なのだ。筆順を刻むことで、自分固有の身体的時間を保持しつつ、考えることができる。だからこそ、考えを深めることができる。それは、自分の文体を持つことにつながる。

自分固有の身体的時間を保持するという観点に立てば、筆順は、書き上げた字形の美醜に影響を与えるというより、書き上げた文体の粗密に影響を与えるだろう。

点画を手書きする。一画一画、順に点画を組み立てて、一文字を書き上げる。本部第二章第二節でも述べたが、漢字の場合は、一文字を書き上げることは〈意味〉を表記することである。この行為が、日本語の特徴なのだ。手書きは、〈意味〉と直結している。白川氏の言葉を借りるなら、「ロゴス」と直結している。つまり、手書きは、漢字が根源的に有している言霊に、〈身体〉で触れる行為である。

日本語の場合、PCでは、ローマ字を入力し、変換して、〈意味〉を持つ漢字を表記する。つまり、〈意味〉の表記を、PCソフトに代行させている。

したがって、手書きとＰＣ入力とは、日本語表記に関して、脳の使い方が決定的に異なる。それを、白川氏風に言うなら、ＰＣ入力では、言霊には触れられない。

欧米語の場合は、ＰＣでは、ローマ字を入力して、一単語を表記する。変換がない。入力ミスは、単語の綴りミスとなる（最近では、綴りミスを知らせてくれる機能があるようだが、……）。日本語のローマ字入力における変換ミスという、妙な現象は起こらない。

だから、日本語を、ローマ字入力する習慣がもたらす変化は、計り知れない。「考えない脳」ができあがる。ソフトが変換してくれるので、考えない。選択するだけだ。

つまり、「日本語で考える」という観点に立てば、自分の頭で〈意味〉を決定することのできる体力を作るために、筆順を活用した文字学習が必要である。

第二節　筆順（第五回授業後半）

本部第一章で述べたように、「小学校書写」の第一回で「受講基礎調査Ⅰ」【五】によって、学生が普段書いている筆順を調べた。結果は、**資料Ⅱ-4-1**の通りである。

文部省『筆順指導の手びき』（一九五八年）に示されている筆順を「標準」とすると、多数の学生は、普段、【五】にあげた二一字の漢字に関して、「標準外」の筆順で書いている。

この状況を、どう見るか。

多くの学生がしている「標準外」筆順行動の背景には、次のような事情があるだろう。

一つ目としては、手書きが自由自在にできるようになる小学生中学年以降は、「標準」から逸脱することの面白さ、格好の良さに惹かれる。だから、あえて、「標準」を無視するという行動を起こす。それが習慣化したのだろう。振り返れば、私自身もそういう時期があった。

古典の中に見られる規範的な楷書、行書及び草書の中にも、自由な筆順で書字された筆跡があまた存在する。極言すれば、だからこそ、仮名が誕生したのだと言えなくもない。

二つ目としては、めったに書字しない文字の筆順は、専門家でなければ、記憶しておくほどの重大事ではないのである。たとえば、「静粛」の「粛」や、「憂鬱」の「鬱」などである。完成体を知っているから、書く機会があれば、その完成体に向かって、書く機会の度に、別の筆順で書いている人も多いだろう。それが、罪だとは、決して言えない。

第一項　「標準」と「標準外」

文字を既に習得している者にとって、筆順が「標準」か「標準外」か

資料Ⅱ-4-1　受講基礎調査Ⅰ【五】の解答状況（集計）

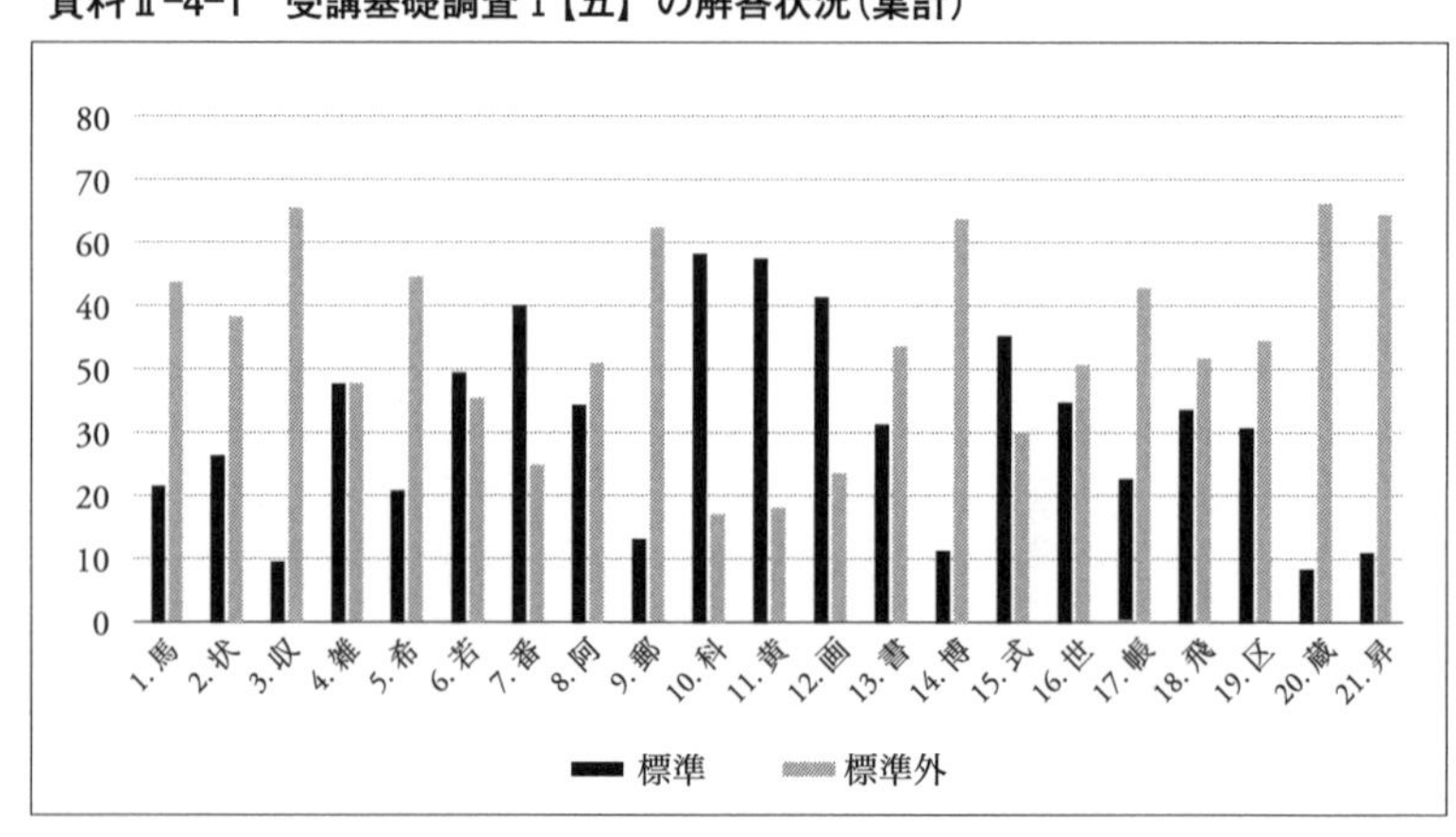

は、あまり意味がない。

意味を持つのは、文字を習得する過程にある時と、その指導をする時である。

学生は、将来、文字習得を指導する立場となる。だから、「標準」の筆順を知っているかどうか、「標準」の筆順で書けるかどうかは意味を持つ。

ここで、「標準」としている筆順が示されている『筆順指導の手びき』（前掲書）の価値について、確認しておく。

同書の冒頭「まえがき」で、当時の文部省初等中等教育局初等教育課長の上野氏が、

資料Ⅱ-4-2　『筆順指導の手びき』の「まえがき」

まえがき

漢字の筆順については，書家の間に種々行われているものや，通俗的に行われているものなどがあって，同一文字についてもいくつかの筆順が行われている。このことが，そのまま学校教育にも行われているのが現状である。

これに加えて，昭和 23 年 4 月に当用漢字字体表が告示されるにおよび，新字体に基く筆順等もあって，小・中学校の現場におけるこの面の指導は，同一学校，同一学年においても必ずしも統一されているとは言えない。

このような指導上の不統一は，児童・生徒に対し筆順を軽視せしめる結果となるのみならず，教師の漢字指導の効果や能率にも影響するところが大きいと思われる。

文部省においては，この指導上の不統一を解決したいと考え，さきに学識経験者，大学教授，指導主事，現職の学校長，教師の方々十数名に御協力を願って，筆順指導統一に関する原案を作成していただいた。この原案をもとに，さらに省内において，告示された新字体表の方針等も考慮し，教育的な観点を重視して，同一構造の部分はなるべく同一の筆順に統一するという観点で検討を加え，ここに筆順指導の手びきを刊行するはこびとなった。

本書の刊行に当り，さきに御協力いただいた方々に，心から感謝する次第である。

昭和 32 年 12 月

初等中等教育局　初等教育課長

上野　芳太郎

出所）文部省『筆順指導の手引』（1958年　博文堂出版）

次のように述べている（資料Ⅱ−4−2）。なお、『筆順指導の手びき』（前掲書）は、国が示した最新の筆順書である。『筆順指導の手びき』では、当時の教育漢字（当用漢字別表の漢字全八八一字）の筆順を、戦後制定された当用漢字表字体による「漢字指導の効果や能率」という「教育的な観点を重視して、同一構造の部分をなるべく同一の筆順に統一するという観点で検討」したという。

また、同書二六ページ「5．本書使用上の留意点」の第一か条には、次のような文言がある。「本書で取りあげた筆順は、学習指導上の観点から、一つの文字については一つの形に統一されているが、このことは本書に掲げられた以外の筆順で、従来行われてきたものを誤りとするものではない。」

だから、前述したように、『筆順指導の手びき』（前掲書）に示された筆順かそうでないか、「意味を持つのは、文字を習得する過程にある時と、その指導をする時である」のだ。

さらに、指導者としては、「標準」と自分の現実との〈距離〉を確認できているかどうかが、重要である。つまり、個々の筆順を理解しているだけに止まらず、筆順の秩序を把握しているかどうかが重要である。

たとえば、次のような場合である。

成＝「ノ」→「一」→「𠃌」→「㇂」→「ノ」　→「、」（「ほこづくり・ほこがまえ」の筆順は、すべて「㇂」→「ノ」→「、」となる。）

「下ごころ」がついた「感」の「ほこづくり・ほこがまえ」の筆順も、草かんむりが載った「蔵」の「ほこづくり・ほこがまえ」の筆順も、「㇂」→「ノ」→「、」となる。

中学生以降で学習する「威」「歳」等の「ほこづくり・ほこがまえ」の筆順も、そうである。

また、「左」の「標準」の筆順は、「一」→「ノ」→「工」である。「友」も、「存」も「在」も……、「一」→「ノ」で書く。

つまり、「横画→交差する左払い」の秩序が働いている。

「右」もそのはずである、と推測できる。これが、筆順の秩序を把握しているということである。

ところが、「右」「有」「布」の「標準」の筆順は、日本では、「ノ」→「一」→……となっている。「横画→交差する左払い」の秩序の例外として、位置づけられているのだ。そういう矛盾に関しても、〈距離〉を持って観察することができることが重要である。（なお、中国では、「右」も「左」も、「一」→「ノ」の秩序で貫いている。）

第二項　自分の筆順傾向を知らせる、「標準」との距離を確認させる

1．学生に身につけさせたい「筆順指導の考え方」

つまり、将来、文字習得を指導する立場となる学生には、次の①～④の資質が必要である。指導者として、筆順の「標準」との距離を確認することができているとは、次の要件を満たしていることを言う。

①　「標準」が、『覚えやすさ』に力点が置かれ、他の機能的要素とのバランスを図った（資料Ⅱ-4-3）産物であることを理解する。

②　その「標準」にもとづいて、学生自身の筆順傾向を自覚する。

③　個々の漢字の「標準」は、どのタイプによるのかを見分ける。

たとえば、「長」という漢字の「標準」の筆順は、「字源タイプ」か「行書、草書タイプ」か「書きやすさタイプ」か「整えやすさタイプ」か「読みやすさタイプ」か「覚えやすさタイプ」か「民衆解釈タイプ」のどれになるのかを判定できる。

④　中学生以降（筆順を伴って、文字習得を指導できなくなる時期）の文字習得にも、機能するような筆順指導を行うことができる。

なお、本章第三節では、その事例をあげる。

ただし、私の現状の授業では、①～④を、完全に満たしていない。具体的には、右記①及び②は、以降に示すように行っている。しかし、右記③は、できていない。右記④に関しても、卒業生を追跡調査していない。が、参考までに、現状を示す。

2．「小学校書写」での指導

「小学校書写」の筆順指導は、久米公『新漢字表による筆順指導総覧』（一九七〇年　みつる教育図書刊）によって行っている。

『新漢字表による筆順指導総覧』（前掲書）は、『筆順指導の手びき』（前掲書）に基づき、同書に明示されていない漢字をも含めて、筆順の原則を見定め系統化を図っている。ただし、『新漢字表による筆順指導総覧』（前掲書）は、絶版になっている。

だから、学生には、その簡易版である久米公『漢字指導の手引き』（二〇一一年第七版発行　教育出版）を教科書として指定している。

なお、松本氏は、『筆順指導の手びき』（前掲書）、及び『新漢字表による筆順指導総覧』（前掲書）を次のように評している（**資料Ⅱ-4-3及び資料Ⅱ-4-4**参照）。

資料Ⅱ-4-3

『筆順指導の手びき』（昭和33年、文部省）の裏話をどこかで見たような気がしていたので、探してみたら大修館書店のHPでした。改めて見ると「漢字文化資料館」のQ＆Aに、『筆順指導の手びき』の筆順は「対立する流派同士の妥協によって出来上がったもの」と書かれています。興味津々、そこで引かれていた『日本語の現場』（昭和50年　読売新聞社）という本に当たってみました。

［中略］

議論百出というのもやむを得ないでしょう。字源（小篆の字体・字義）を根拠とする筆順はすでにほぼ淘汰され「書きやすさ」「整えやすさ」などの機能性を根拠とする筆順が主流になっていたとしても、その範疇においてさえ「書きやすさ」と「整えやすさ」などのどの機能的要素に力点を置くかによって筆順は変わる場合が多いわけですから。

要するに、字源と筆順、行書や草書と筆順、書きやすさと筆順、整えやすさと筆順、読みやすさと筆順、覚えやすさと筆順、民衆解釈と筆順などの検討の枠組みがはっきりと意識されないままにスタートした議論であって、2年間80回余という歳月と回数をかけてそれらを少しずつ解決していったということでしょう。そして最終的に「覚えやすさ」に力点が置かれ、他の機能的要素とのバランスを図った……というのが実際のところかと思います。

〔傍点は、引用者。〕

（松本仁志『筆順のはなし』二〇一二年　中央公論新社　二〇一～二〇三頁）

資料Ⅱ-4-4

『筆順指導の手びき』において原則を立てる作業は、それ以前に示された原則や編集委員の人たちの異なる考え方をまとめる作業でした。「上から下へ」「左から右へ」などの大原則は直ぐに立ったでしょうが、それ以下の原則立てには相当労力が要ったことが想像されます。
なお、小原則については、久米公氏の『新漢字表による筆順指導総覧』（昭和52年）が最も精緻に整理していると思います。同書をご参照ください。

（松本仁志『筆順のはなし』二〇一二年　中央公論新社　五三頁）

以上をふまえて、次の①〜③のように行っている。

① 各自のノートに貼らせている「受講基礎調査Ⅰ」【五】を改めて観察させる。
② 『筆順指導の手びき』（前掲書）の意図を理解させる。
③ 『漢字指導の手引き』（前掲書）に掲載されている「学年別配当漢字　筆順の原則と系統」（**資料Ⅱ-4-5**参照）を使って、学生に、以下のような活動をさせる。
　a 「学年別配当漢字　筆順の原則と系統」の右上にある記述に基づき、三つの大原則と、六つの中原則と理解させる。
　b 「受講基礎調査Ⅰ」【五】で出題された二一字の漢字（資料Ⅱ-1-25参照）は、「学年別配当漢字　筆順の原則と系統」の、どこにあてはまるかを観察させる。

c　『受講基礎調査Ⅰ」【五】で出題された二一字の漢字の筆順を、『漢字指導の手引き』(前掲書) の本文から検索させる。次に、それをノートに分解方式で転記させる (資料Ⅱ-4-6参照)。

d　『漢字指導の手引き』(前掲書) の一〇〇〜一〇一ページに掲載されている系統を一つひとつについて、実際に実行しているかどうかをチェックさせる (資料Ⅱ-4-7参照)。

e　次に、計一六七の部分に対して、いくつ実行していたかを算出させる。質的にも、観察させる。つまり、自分自身の筆順の傾向を観察させる。(最近は、系統に関係なく、秩序なく実行できていない。)

f　『漢字指導の手引き』(前掲書) の三三ページ〜三九ページ (資料Ⅱ-4-8参照) によって、「筆順指導の考え方」を理解させる。具体的には、次のように行わせる。

(a)「受講基礎調査Ⅰ」【五】で出題された二一字は、どの学年の必須指導であるかを調べる。

(b) 前項 (a) も含めて、当該学年で初出する部首部分を見極める。

(c) 前項 (b) のうち、指導がないと混乱を生じやすいものはどれかを見極める。

g　前項fを習得させる。ついては、中間レポートとして取り組ませる。

なお、中間レポートについては、本部第五章で詳述する。

前記③aで述べたように、筆順には、原則が見極められている。

学年別配当漢字 筆順の原則と系統

〈原則1〉
上から下へ
①上の点画から書く（三 工 三……）
②上の部分から書く（青 多 草……）

〈原則2〉
左から右へ
①左の点画から書く（川 州 順……）
②左の部分から書く（竹 林 湖……）

〈原則3〉
横から縦へ
①横画から書く（十 七 寸……）
②横の部分から書く（中 申 車……）

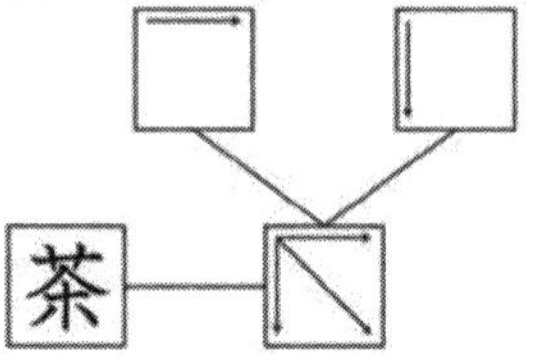

茶

●凡例

原則部分	筆順	初出学年
艹	一 丷	花1
廾	一 丿丨	算2

①横と下に出る縦との関係

横の部分が変わった形になっても，横部→縦															複数になっても，横→縦										横→縦			
兼	弗			事	聿		車	甫	東			申	中	巾		井			戋	耒		キ	廾	艹		寸	七	十
		乗	華			単				尹	甲				开		手	羊			干				丁			
兼中	費4	乗3	華中	事3	筆3	単4	車1	補6	東2	君3	電2	申3	中1	市2	形2	囲4	拝6	羊3	浅4	耕5	岸3	キ1	算2	花1	町1	村1	七1	十1

②横と下に出ない縦との関係

横の部分が変わった形になっても，同じ													横，縦が複数になっても，同じ							横→縦→残りの横						横→縦→横		
	坐				典	曲		甶	冉		由		其	甘	龷	卌	丗	廿	龷					生	龶		𠂉	土
垂		重	里	里			襾			円		田								𦍌	主	玉	王			工		
垂6	座6	重3	勤6	里2	典4	曲3	画2	博4	再5	角2	黄2	田1	期3	甘中	寒3	無4	帯4	度3	黄2	美3	主3	玉1	王1	生1	青1	左1	先1	土1

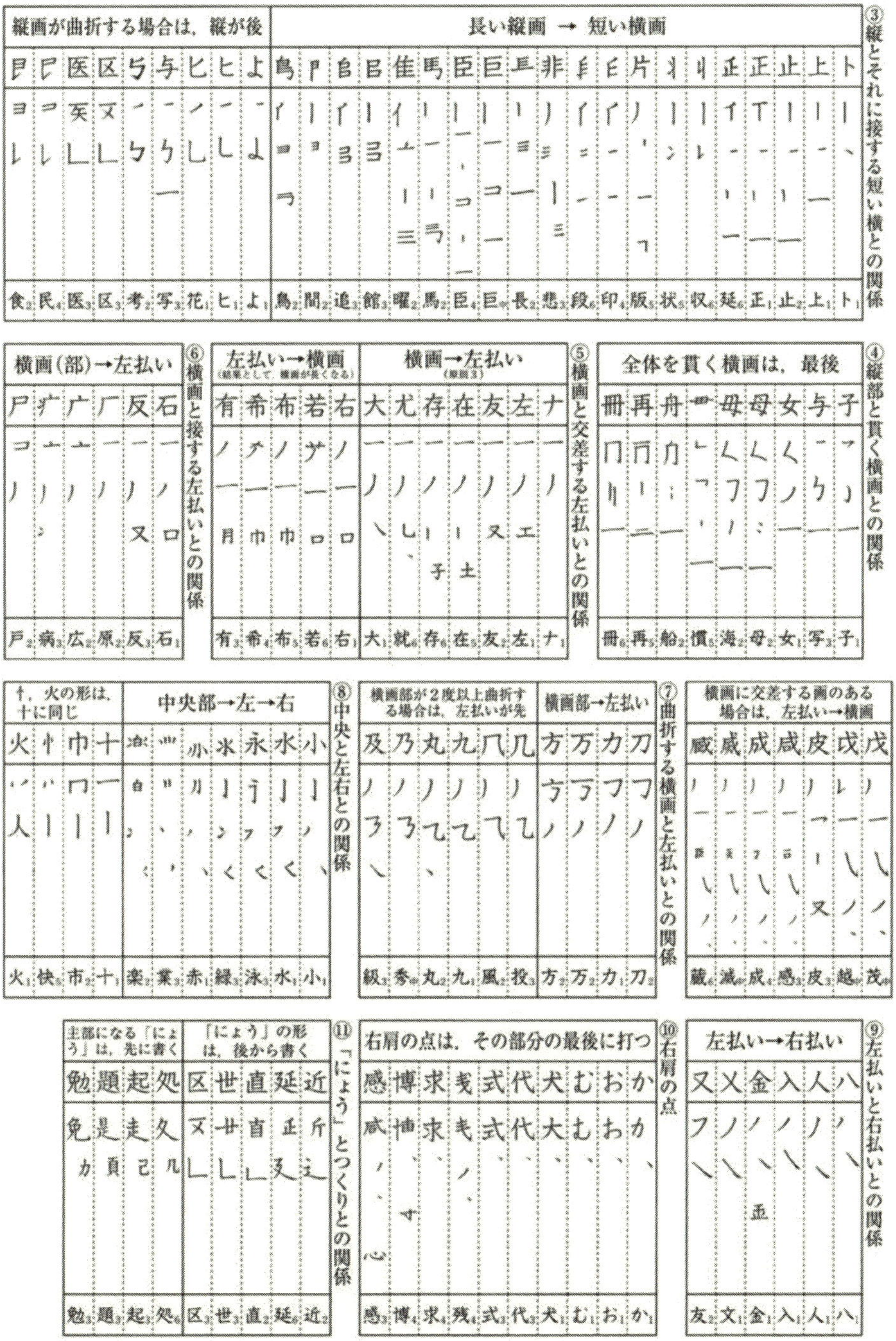

③縦とそれに接する短い横との関係

縦画が曲折する場合は，縦が後									長い縦画 → 短い横画																				
食2	民4	医3	区3	考2	写3	花1	ヒ1	よ1	鳥2	間2	追3	館3	曜2	馬2	臣4	巨5	長2	悲3	段6	印4	版5	状5	収6	延6	正1	止2	上1	ト1	

④縦部と貫く横画との関係

全体を貫く横画は，最後								
冊	再	舟	毌	母	母	女	与	子
冊6	再5	船2	慣5	海2	母2	女1	写3	子1

⑤横画と交差する左払いとの関係

左払い→横画（結果として，横画が長くなる）					横画→左払い（原則3）						
有	希	布	若	右	大	尤	存	在	友	左	ナ
有3	希4	布5	若6	右1	大1	就6	存6	在5	友2	左1	ナ1

⑥横画と接する左払いとの関係

横画（部）→左払い					
尸	疒	广	厂	反	石
戸2	病3	広2	原2	反3	石1

⑦曲折する横画と左払いとの関係

横画に交差する画のある場合は，左払い→横画							横画部→左払い				横画部が２度以上曲折する場合は，左払いが先					
戊	戉	皮	咸	成	咸	咸	刀	力	万	方	几	几	九	丸	乃	及
茂6	越6	皮3	感3	成4	減5	蔵6	刀2	力1	万2	方2	投3	風2	九1	丸2	秀6	級3

⑧中央と左右との関係

忄，火の形は，十に同じ				中央部→左→右						
火	忄	巾	十	𣎳	业	小	氺	永	水	小
火1	快5	市2	十1	楽2	業3	赤1	緑3	泳3	水1	小1

⑨左払いと右払いとの関係

左払い→右払い					
又	乂	金	入	人	八
友2	文1	金1	入1	人1	八1

⑩右肩の点

右肩の点は，その部分の最後に打つ									
感	博	求	戋	式	代	犬	む	お	か
感3	博4	求4	残4	式3	代3	犬1	む1	お1	か1

⑪「にょう」とつくりとの関係

主部になる「にょう」は，先に書く				「にょう」の形は，後から書く				
勉	題	起	処	区	世	直	延	近
勉3	題3	起3	処6	区3	世3	直2	延6	近2

出所　久米公『漢字指導の手引き』二〇〇二年第七版発行　教育出版一〇〇～一〇一頁

資料Ⅱ-4-6　「小学校書写」での筆順指導③c

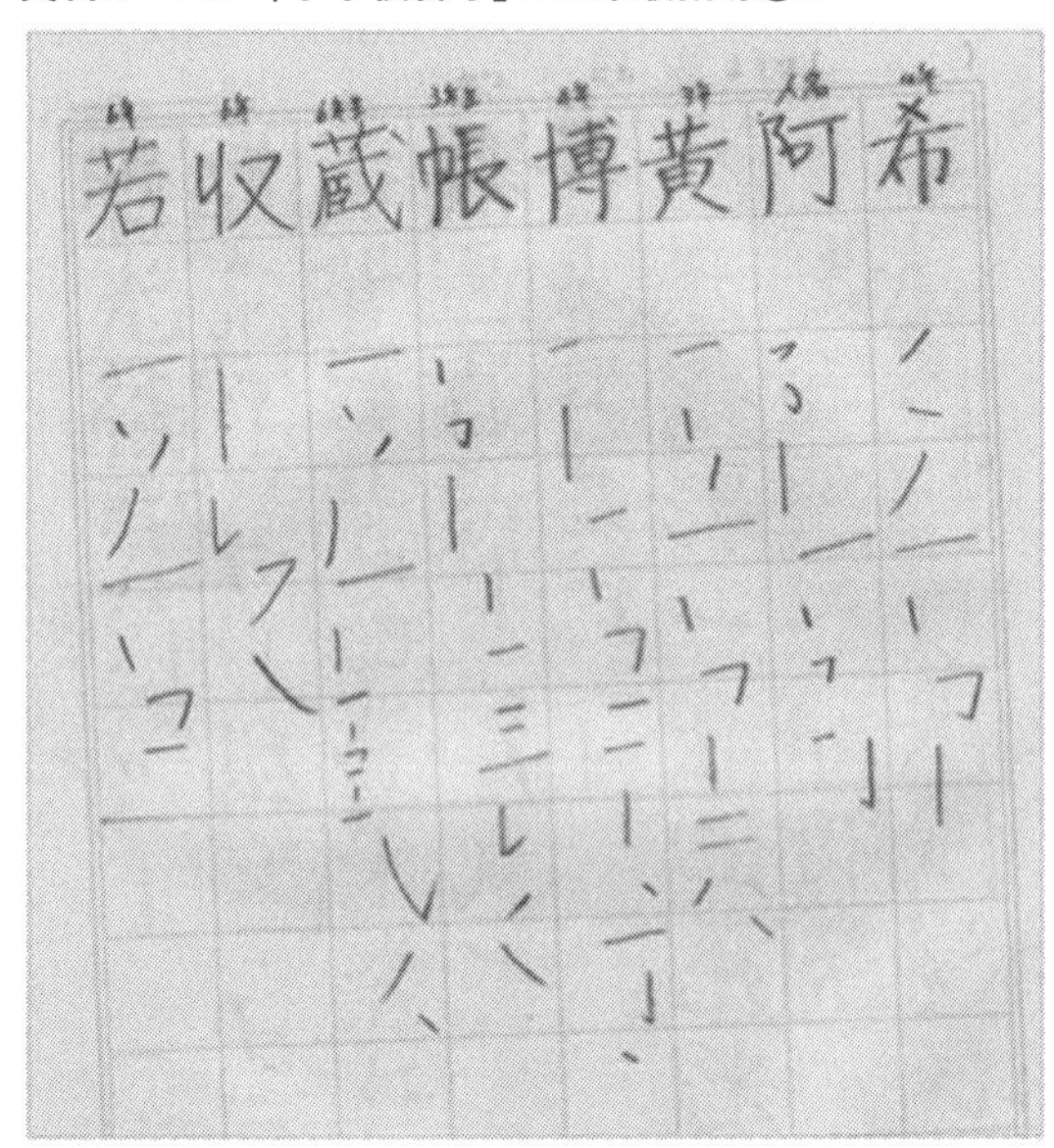

資料Ⅱ-4-7　「小学校書写」での筆順指導③d

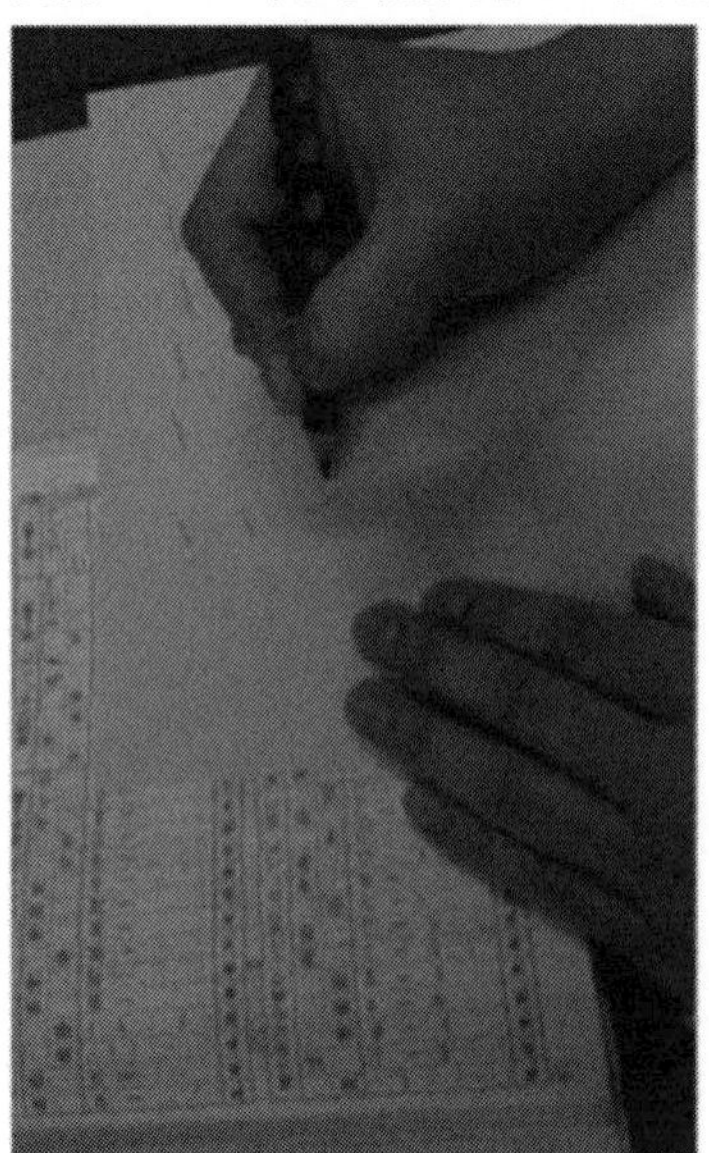

学生は、筆順に関して、「標準」の策定や久米氏及び松本氏のような仕事がなされていることを知らない。学生は、筆順は文字一字に対して一つずつ個別に存在していると無意識のうちに思っている。その個別と個別との間には、何の関係もないと思い込んでいる。いや、関係など考えたこともない。

だから、まずは、手書きという行為に内在する秩序を掘り出し、整理した仕事が存在することを知らせる。

資料Ⅱ－4－8　「小学校書写」での筆順指導③ f

〈第二学年の筆順指導の要点〉

この学年では、まず、漢字の形及び筆順に直結する片仮名の形及び筆順を、確実に身につけさせたい。次に、第一学年で学習した基本漢字の形及び筆順に関連づけながら、配当漢字一六〇字の中に初出する次掲の部首部分の形と筆順を確実に把握させたい。

(1)　初めて学習する部首部分の形で、筆順指導に注意を要するもの（「↑□$_1$」＝類字と配当学年）。

1　氏（紙）
2　米（米数番）
3　禾（秋科）↑木$_1$林$_1$
4　龷（黄）↑サ$_1$
5　丰（半妹来毛）↑キ$_1$
6　午（午南）↑モ$_1$
7　开（形）↑サ$_1$
8　弔（弟）
9　東（東）↑車$_1$
10　用（用通）↑キ$_1$
11　⺻（書）
12　由（黄画）↑田$_1$
13　⻗（雪雲電）↑雨$_1$
14　西（西）↑四$_1$
15　里（里理野黒）↑王$_1$
16　馬（馬）↑王$_1$
17　隹（曜）↑王$_1$
18　乍（作）
19　镸（長）↑上$_1$
20　鳥（鳥鳴）↑白$_1$
21　門（門間聞）↑日$_1$
22　艮（食）
23　刀（刀切分）↑力$_1$
24　方（方万）
25　广（広店）
26　戸（戸声昼）
27　斤（新）↑竹$_1$
28　己（記色）
29　夂（冬夜）
30　𧘇（長食）
31　母（母毎海）
32　舟（船）
33　辶（近道遠通週）
34　⺌（光当）↑小$_1$
35　ヌ（図）↑ツ$_1$メ$_1$
36　⺍（楽）
37　斗（科）
38　可（何歌）
39　内（内肉）
40　円（角）↑田$_1$
41　习（羽）
42　乚（直）

(2)　既に第一学年で学習しているが、習熟に特に留意すべきもの。

1　艹（茶算）↑サ$_1$花$_1$
2　土士（社走考教寺時遠室地場週声売読）↑土$_1$赤$_1$
3　立（新親顔）↑立$_1$音$_1$
4　龶（麦晴）↑青$_1$
5　生（星）↑生$_1$
6　王（理国）↑王$_1$玉$_1$
7　五（語）↑五$_1$
8　田（思魚番細）↑田$_1$
9　⺊（点店外走止歩）↑上$_1$正$_1$
10　ナ（友）↑左$_1$ナ$_1$
11　厂（原岩）↑石$_1$
12　女（妹姉数）↑女$_1$
13　火（秋）↑火$_1$
14　耳（聞）↑耳$_1$
15　丸（丸）↑九$_1$

出所　久米公『漢字指導の手引き』（前掲書）　三五頁

次に、文科省『筆順指導の手びき』において、「学習指導上の観点」に立った整理をしていることを知らせる。不完全ではあるが、そういう仕事がなされていることを知らせる。その仕事の意義をも知らせる。

（なお、ある左利きの学生は、横画を「右から左へ」と書いていた。「左から右へ」の原則を知り、右利き主体の原則に不満そうであった。このことについては、本書では触れない。）

その次に、別の人間が、『筆順指導の手びき』を基盤にして、「学習指導上の観点から」、一一の小原則を立てた整理を行ったことを知らせる。

その系統によって、「小学校書写」では、筆順指導を行うという、私の方針を理解させる。

つまり、分類された計一六七部分に関して、「標準」か「標準外」かをチェックさせる。定量的及び定性的に検討させる（**資料Ⅱ-4-9〜資料Ⅱ-4-11**参照）。それをふまえて、「標準」の系統と自分の筆順との距離を確認させることをめざした。

具体的には、右記③ｅについて、学生は、次のような記述をノートに残している。

資料Ⅱ-4-9　「標準」との距離の確認例①

③dの数値
161／167＝96%

③eの記述
1．横部↓縦……ほとんど実行できている。「甫」に関してのみ、実行できていない。
2．長い縦画↓短い横画……ほとんど実行できている。「巨」「臣」に関しては、実行できていない。
3．横画に交差する画のある場合は、左払い↓横画……ほとんど実行できている。「戊」「戉」に関しては、実行できていない。

資料Ⅱ-4-10　「標準」との距離の確認例②

③dの数値
140／167
＝83%

③eの記述
1．大原則、中原則は、理解できている。
2．小原則のうち、「長い縦画↓短い横画」に関しては、五割以下しか理解していない。「馬」や「臣」は、「一　↓　|」と書いている。「はこがまえ」では、先に「はこがまえ」を書いている。

資料Ⅱ-4-11　「標準」との距離の確認例③

③dの数値
18／167＝64%

③eの記述
1．「りっしんべん」「火へん」……横部↓縦部にする。
2．縦画が曲折する場合は、縦が後……半分ができていない。「与」「母」「医」「区」も、この仲間。
3．横部↓縦……この仲間が、あいまい。特に、「田」「由」「冉」「冄」など、横部が変形したものの場合が全滅。

4. 左払い→横画……「横画と交差する左払いとの関係」にある文字は、全部、「横画→左払い」にしていた。「右、若、布、希、有」などの例外もある。
5. 横→縦→残りの横……「生」だけ、外していた。
6. 全体を貫く横画は最後……ほとんど、外していた。できていたのは、「子」「女」のみ。
7. 横画に交差する画のある場合は、左払い→横画……全滅！

学生は、入学直後の一年生である。「自分の筆順の傾向は、どうなっているか」という質問が理解しにくいらしい。学生は、次のように質問し直してくる。「×が、どこかを書き出すのですか。」とか、「苦手な筆順を見つけ出すのですか。」とか、答え合わせ的な発想である。距離を確認するという視点が持てない。

したがって、本項冒頭で述べた、「筆順指導の考え方」に即して、学生に筆順指導に関する資質を身につけさせる指導方法を開発する必要がある。

第三節 〈身体〉に記憶させる

資料Ⅱ-4-12 及び**資料Ⅱ-4-13**を見てほしい。後期の始めに、長崎大学環境科学部の「西海次郎」(仮名)が私に提出した履修登録関係書類である。この二つを見ると、「西海次郎」は、文字を書くという行為が、〈身体〉になじんでいないことがわかる。

「西海次郎」は、前節であげた「筆順指導の考え方」の④が欠落した教師に指導を受けたのであろう。

「筆順指導の考え方」の④とは、「中学生以降（筆順を伴って、文字習得を指導できなくなる時期）の文字習得にも、機能するような筆順指導を行うことができる。」である。

一〇月九日に、「西海次郎」は、「受講申込票」を、初めて、私に持ってきた。この担当教員名欄は、奇妙な状態だった。

「慶」の字の、第八画〜第一二画（まだれの内、中央部）がすっぽり無かった（資料Ⅱ-4-13参照）。つまり、「慶」という字の腹部が

資料Ⅱ-4-12　10月9日付け「受講申込票」修正後（「西海次郎」筆）

学部	学科・課程・コース等	年次
環境科学　学部	環境保全設計　学科 課程 コース	年
モジュールⅠ・Ⅱの別	授業科目名	曜日・校時	担当教員名
Ⅰ・Ⅱ	日本語と表現（※主人間と文化）	木　曜日　3　校時	鈴木慶子　教員

資料Ⅱ-4-13
10月9日付け「受講申込票」修正前（鈴木再現）

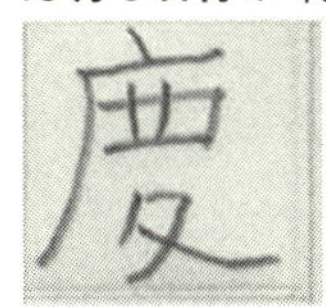

資料Ⅱ-4-14　10月14日付け「受講申込票」（「西海次郎」筆）

環境科　学部　　年
学生（履修）番号
氏名
授業科目名　日本語と表現　（木曜　3校時）担当教員名　鈴木慶子
26.10.14

ぽかりと空いていた。腹部はないが、「すいにょう」（「慶」の第一三画〜最終画）はある。「子」も書いていた。つまり、彼は、ぽかりと空いている部分を、再生することができないのだ。

こういう状態のことを、「文字が習得できていない」というのである。

本節では、これをふまえて、文字習得のために、〈身体〉の記憶に響いていくような筆順指導が必要であるということについて述べる。

つまり、前節であげた「筆順指導の考え方」の④の根拠を述べる。

私は、「西海次郎」に、「担当者名が書けない人には、受講科目の追加はさせないわ。」と言って、「受講申込票」を突き返した。彼は、受講追加が認められないと困るので、修正液で消した後に、資料Ⅱ-4-12のように書き直して、再び持ってきた。席に戻って、履修関係書類を見ながら、書き直して、再び持ってきたのだ。

「何とか、書いたようね。」

「……」

「本来は、全部、書き直しなさいと言うところですが、期限が来ていて、あなたも困っているのでしょうから、受け取るわ。」

私は、受講を認めるサインをし、半券を彼に手渡して、資料Ⅱ-4-12を受理した。

翌週、彼は、一〇月一四日付けの**資料Ⅱ-4-14**を持ってきた。学務係発の受講確認書類である。それは、初めに彼が持ってきたものとは比べものにならないくらい「まじめな」な筆跡で書いてある。

しかし、「慶」の字の腹部に注目してほしい。余計な一画がついている。「慶」の第八画以降を、「愛」の第五画以降と同一に書いている。おそらく、動きとして、書字が、彼の〈身体〉に取り入られていない。だから、微細な差異を判別したり、再生したりすることにてこずっているのだ。

「慶」は、常用漢字である。小学校で学習する漢字ではない。中学校の国語科教科書にも、あまり使われない。だから、おそらく、筆順を伴って指導されたことはない。目で見ることはある。読むこともできる。しかし、手書きすることが極めて少ない漢字である。

この種の文字であると、「西海次郎」は、標準の字体で書きあげることができない。推測するところ、彼は、文字習得に関して、全般的にかなりの弱点があるのだろう。

「西海次郎」の場合は、活字を参照しながら手書きしても、手書き機会の多い他字の、相似している部分と同一に認識してしまうのだ。

本章第二節であげた例に、「静粛」の「粛」がある。「粛」を書く度に、違う筆順で書くが、標準の字体に書きあげることができる、というのとは別次元の習得の程度である。

おそらく、「西海次郎」は、〈身体〉の記憶に響いていくような書字学習を、あまり体験してないのだろう。書字は、〈身体〉の記憶を再生する行為である。それを促進するために、筆順を機能させるべきである。

「西海次郎」は、「まじめ」に書字しても、誤字に気がつかない。誤字の書面を出して、鈴木との接見に際し、人となり及び「読み書きの力」をその程度かと評価された。それが、現実のコミュニケーションというものである。

コミュニケーションの主体として、〈身体〉の記憶回路を活性化するような書字が必要である。

また、「日本語と表現」のクラスには、「西海次郎」と同様の状態の学生が、少なくとも外に三名いる。

それがわかったのは、次のような場面である。

「西海三郎」が学部カリキュラムにおける学外実習に出席して、「日本語と表現」の授業を欠席した。その届を私のところに持ってきた。届に書いている「慶」の文字が、「西海次郎」の資料Ⅱ-4-14と同じ状態である。

鈴木：「慶」は、何画で書くのかしら。

「西海三郎」：（空書する）一八画です。

鈴木：違うわ。もう一回、ゆっくり、ホワイトボードに書きながら、数えてごらんなさい。

「西海三郎」：（数えながら、ホワイトボードに書く。）一六画です（資料Ⅱ-4-14と同じ状態に書く。）。

鈴木：違うわね。どこが違うか、辞典を引いて調べてから書いて、友達（班の二名）にも確認してもらってきなさい。

それでも、資料Ⅱ-4-14と同じ状態なのだ。

「西海三郎」の場合は、辞典で調べても、指摘されたことを突き止められない。おそらく、中学生以降の文字習得にも機能するような文字指導を受けていないのである。

つまり、文字及び書字に関する指摘や疑問に対して、自力で解決する方法知を有していないのだ。

「慶」という文字は、日本史の授業を受けた者なら、読んだことも書いたこともあるだろう。しかし、日本史に縁のない生活を送っている者には、読めるけれど、正確に書けない類いの文字なのかもしれない。たとえそうであっても、手書きすることが避けられない事態になった時（この場合がそうである。）、コミュニケーションの主体としてなすべきことは、何か。

「肥前華子」ならば、代表的な辞典を調べ合わせて、「慶」を正しく手書きできるようにしておくだろう。そして、「慶」の中にある「廌（たい）」の意味を知り、「愛」の字形との差異を銘記して、二度と間違えないと誓うだろう（**資料Ⅱ−4−15**及び**資料Ⅱ−4−16**参照）。

さらに、「慶」の意味に引っかかって、「喜」との違いを調べる（**資料Ⅱ−4−17**参照）。そこから、「慶」と「愛」は異なる由来であることをおおまかにでも理解する（「慶」は「羊」＋「心」で、「愛」は「人」＋「心」だという程度）。その上で、両者の実現形としての差異を、書き分けられるようになるだろう。

またさらに、「薦」の中にも、「廌（たい）」が含まれていることを見つけ、「薦」の意味に納得して、「薦」の字形も混乱なく記憶していくだろう（**資料Ⅱ−4−18**参照）。

つまり、平たく言えば、よくわからない漢字は、辞典を引いて、正しく書字し、語彙を広げることができる。

私は、子どもにそういう資質を育成することができるような小学校教師を養成したい。これが、高望みだとは、言えないだろう。

資料Ⅱ-4-15

常【慶】 15/0024 ケイ よろこび たまもの さいわい

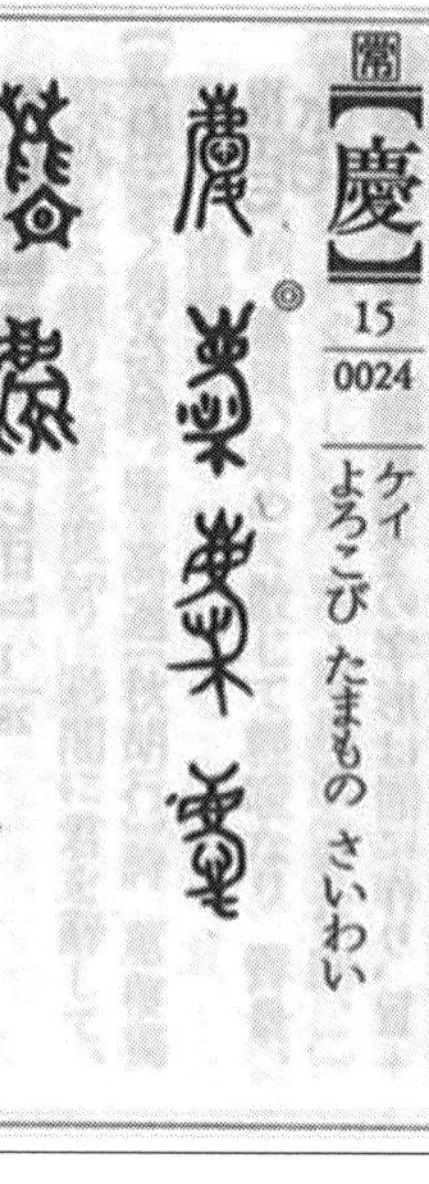

会意 廌+心。廌は解廌、神判のときに用いる神羊。その神判に勝訴をえた解廌の胸に、心字形の文飾を施し、吉慶のしるしとする。〔説文〕十下に「行きて人を賀するなり」とし、字の上部を吉礼のときに人に贈る鹿皮の形、下部を夊にして行く意とするが、字は廌の側身形に従う。心は吉礼の文身に用い、文の卜文・金文には心を加えたものが多い。慶は勝訴。敗訴者はその解廌と、人(大)と、自己詛盟の器の蓋を去ったもの(凵)とを合わせて水に流す。その字は灋で、法の初文。古くは廢の意に用いた。慶は神判による勝訴、ゆえに吉慶の意となり、神の恩寵・恵福を意味する。

①神判による勝訴、よろこび、いわう。②たまもの、さいわい。③めでたい、よい、ほめる。④羌と通じ、ああ。

白川静著『字通』(一九九六年 平凡社)四〇七頁

資料Ⅱ-4-17

常【喜】 12/4060 キ シ よろこぶ このむ

会意 壴+口。壴は鼓、口は𠙵、祝禱を収める器の形。神に祈るとき、鼓をうって神を楽しませる意。耒を示す力を加えると嘉となり、嘉穀を求める農耕儀礼をいう。のち喜・嘉は人の心意の上に移していう字となった。〔詩、小雅、甫田〕〔詩、小雅、大田〕に「田畯至りて喜す」という句があり、田畯は田神。その神に供薦するものを、神が受けることを饎といい、その〔鄭箋〕に「喜は讀んで饎と爲す」とみえる。

①よろこぶ、たのしむ。もと神が喜楽することをいう。②このむ、めでる。また嬉・憙に作る。③饎と通じ、酒食を神に供し、神が受けることをいう。

『字通』(前掲書)二四五頁

資料Ⅱ-4-16

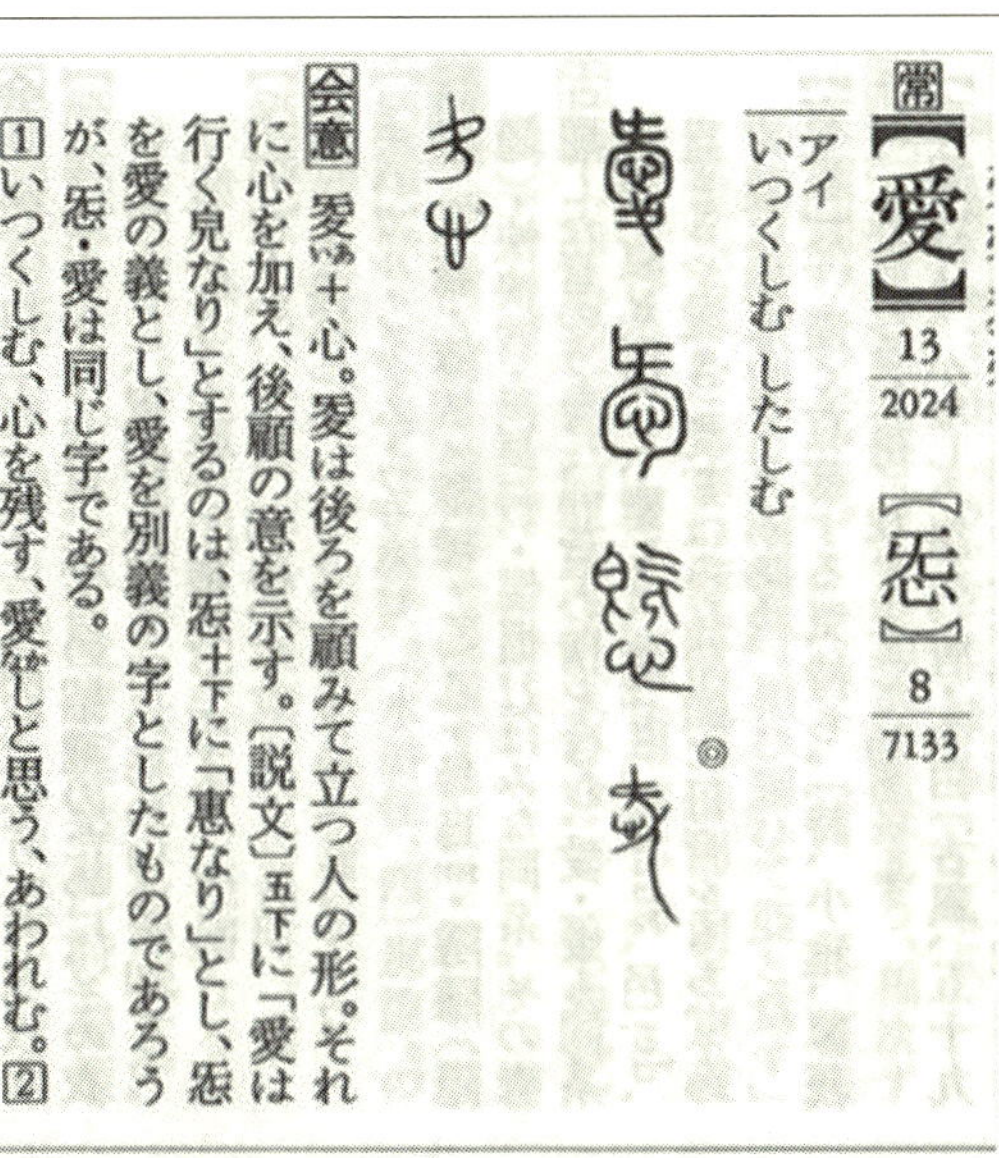

常【愛】13/2024　【愛】8/7133

アイ　いつくしむ　したしむ

会意　〔旡＋夊〕(あい)＋心。〔旡＋夊〕は後ろを顧みて立つ人の形。それに心を加え、後顧の意を示す。〔説文〕五下に「愛は行く皃なり」とするのは、愛十下に「惠なり」とし、愛を愛の義とし、愛を別義の字としたものであろうが、愛・愛は同じ字である。

①いつくしむ、心を残す、愛(かな)しと思う、あわれむ。②したしむ、情をかける。③めでる、愛好する。④惜しむ。⑤僾と通用し、ぼんやりした、不安定な、ほのかな感情をいう。

『字通』（前掲書）六頁

資料Ⅱ-4-18

常【薦】16/4422　【薦】17/4422

セン　すすめる　そなえる　しきりに

会意　艸(そう)＋廌(ち)。廌は解廌(かいち)、神判のときに用いる神羊。〔説文〕十上に「獸の食する所の艸なり。廌艸に從ふ。古は神人、廌を以て黄帝に遺(おく)る。帝曰く、何をか食らひ、何(いづ)くにか處(を)ると。曰く、廌を食らひ、夏は水澤に處(を)り、冬は松柏に處る」という語を載せる。金文の字形に、艸中に廌をおく形があり、白茅を以て犧牲を包み薦める意であろう。〔周礼、天官、籩人(へんじん)〕に「凡そ祭祀には、其の籩の薦羞の實を共(供)す」という語があり、また飲食しない初物を薦、他を進という。供薦の意より、薦進の意となる。荐(せん)と通用し、副詞に用いる。

①すすめる、そなえる、たてまつる、神にささげる。②そなえもの、おそなえ。③しく、しきもの。④いたる、すすむ。⑤よもぎの一種、こも。⑥荐(せん)と通じ、しきりに。

『字通』（前掲書）九六〇頁

であるなら、辞典を引くことまでを身体化させることが、ＰＣ依存時代の文字指導なのではないだろうか。手書きを糸口にして、人間の営みの本質を手探りし始める。そういう、《文字を手書きさせる》教育を行うことが、ＰＣ依存時代には必要ではないだろうか。

第五章　〈意味〉を書かせる

二十年前（平成六年度）、私が長崎大学教育学部に着任した時、長崎大学が開設していた小学校教諭免許状取得のための「書写」に関する授業科目は、「習字」であった。つまり、「小学校書写」の前身となる授業科目は、「習字」であった。

着任後、私が最初に着手したのは、この科目名を変更することであった。直ちに、「小学書写」とする手続きを進めた。学生に、毛筆習字やペン習字のイメージと重ねられては困ると考えたからだ。

科目名変更が適用されるのは、平成八年度入学者以降であった。

次に、平成一六年度入学者適用で学部全体の授業科目名の整理が行われた。それに伴って、「小学書写」から「小学校書写」と変更され、現在に至っている。

振り返れば、「習字」期及び「小学書写」期の前半、つまり平成一〇年度まであたりには、第Ⅰ部で述べたように、私は、「『書写』は見栄えよく手書きする技術を指導する領域だ」と信じていた。毛筆習字やペン習字のイメージから遠ざかろうとしていたにも関わらず、自分が担当する「書写」とそれらの違いについて、他分野の研究者に対して、明確に説明する言葉を持っていなかった。

だから、中間レポートでも、標準的な字形と標準の筆順のみを身に付けさせることをねらった内容を、学生に課していた。

しかし、それが、「小学書写」期の中頃には、馬鹿馬鹿しく思えてきた。学生が、急速に手書き離れしてきたからだ。手書きすることに、学生が、意義を見い出せなくなっていたからだ。標準的な字形を身につけることに関心が向かないのだ。「標準」の筆順を身につけることに、意欲が湧かないのである。だから、私には、学生が中間レポートを単位取得のための一時の我慢と感じているように見えた。

学生は、中間レポートを通過したら、スマホ三昧、ＰＣ依存の生活に戻るだけだからだ。

以上から、学生には、〈文字〉を書かせるのではなく、〈意味〉を書かせるべきではないかと、考えるようになったのだ。つまり、中間レポートには、漢字の成り立ちを確かめさせ、用例を作らせることを加えた。

第一節　中間レポート

「受講基礎調査Ⅰ」の総復習という位置づけで、学生には、五月上旬に、次のような中間レポート（**資料Ⅱ-5-1**及び**資料Ⅱ-5-2**参照）を告知する。提出締切は、七月最初の授業日である。告知から提出まで、約八〇日間である。その間、辞典を読ませ、〈意味〉を手書きさせる。

資料Ⅱ-5-1のように行って、全一三ページ～六五ページの量である。自分の目的と能力によって、分量を選ぶことができる。

学生には、資料Ⅱ-5-1及び資料Ⅱ-5-2を配付して、中間レポートの説明をした。

資料Ⅱ-5-1　中間レポートの主幹部例①

第六学年

属	垂	郵	勤
ゾク	スイ たれる たらす	ユウ	キン ゴン つとめる つとまる
しかばね 尸 12 形声	つち 土 8 形成	おおざと 阝 11 会意	ちから 力 12 形声
テニス部に所属する。 イルカはほ乳類に属する。	垂直に書く。 水が垂れる。	郵便を配達する。 郵政民営化する。	勤勉に励む。 社長を勤める。

5)　上項 3) の (4) については、下記のように行う。該当する範囲の〈筆順指導の要点〉にあげられている (1) 新出字を対象にする。

(1)　最初の余白に、使用した漢和辞典名 (出版社、発行年、編著者名等) を明記する。

(2)　イには、新出字を書く。

(3)　イを漢和辞典で調べる。アには、漢和辞典において、イについて記載されている頁や検索番号を書く。

(4)　続いて、ウには、イの読み (音読み、訓読み) を、漢和辞典から調べて転記する。送り仮名については、- や (　) で明示する。

(5)　エには、イの部首、その部首の呼称、漢和辞典から調べて転記する。また、イの総画数を数えて書く。

(6)　オには、イの六書を、漢和辞典から調べて転記する。

(7)　カには、イの標準の筆順を、分解方式で書く。

(8)　キには､イを､標準の筆順によって､標準の字体で､丁寧に書く。

(9)　クには、イの用例を書く。音読みの用例、訓読みの用例を 1 つずつ書く。用例には、読み仮名をつける。

(10)　提出前に、友人同士で、点検を行う。点検日と点検者名を署名する。

(11)　以上の内容が不完全な者［それぞれの範囲満点に対して、50%程度以下の出来］は、成績を保留とする。ただし、追試を受けることができる。

4. 提出期限　　7 月第 1 回の授業まで　授業開始時に回収

5. ノート使用例　　資料Ⅱ—5—1 参照

資料Ⅱ-5-2　中間レポートの実施要項

1. テーマ　　漢字指導と書写指導との関連

2. 資　料　　『明解　書写指導』
『漢字指導の手引き』
『漢和辞典』(用例の多いもの。冊子体。)
「常用漢字表」(S56 告示、H22 告示の両方)
「小学校学習指導要領」(H1 年版、H10 年版、H20 年版)

3. 内　容
1) 本レポートは、すべて、漢字練習帳 (12 マス ×8 行) に記述する。
2) それを、本レポート専用 (2 冊使う人もいる) にする。
つまり、授業用ノートとは別にする。
3) 以下を、本レポート専用ノート (漢字練習帳) に、順に行う。
(1)　常用漢字表と学年別漢字配当表との関係 [2 頁程度で整理する。]
(2)　漢字指導についての変更点 [表形式で、1 頁以内。(H1 年版→ H10 年版→ H20 年版→移行措置)]
(3)　筆順指導の考え方 [1 頁以内。]
(4)　教材研究 [ノート使用例参照]
(5)　この課題研究を通して考えたことや感じたこと [1 頁以内、400 字程度で記述する。]
4) 上項 3) の (4) については、自分自身の目標に合わせて、下記の A ～ D の範囲を選択する。専用ノート表紙に、それを明示する。
A ;〈第 6 学年の漢字〉～〈第 4 学年の漢字〉 [-10]
B ;〈第 6 学年の漢字〉～〈第 3 学年の漢字〉 [40 点満点]
C ;〈第 6 学年の漢字〉～〈第 2 学年の漢字〉 [+5]
D ;〈第 6 学年の漢字〉～〈第 1 学年の漢字〉 [+10]

させる。

この中間レポートの主幹部では、学生に、大量の手書きを行わせる。冊子体の漢和辞典を引かせつつ、手書きさせる。レポート要項に基づく口頭説明だけでは、学生は理解できない。授業中に、主幹部（資料Ⅱ-5-1参照）に着手させる。授業中に、一緒に行う。辞典を引く、筆順を調べる、用例を書く……という作業を実際にさせる。この機会に、レポートの進め方で分からないことを質問をさせる。

一ページにかかる時間を計らせる。徐々に早くなるにしても、自分が決めた分量をやるにはどのくらいの時間が必要かの見通しを持たせる。

私は、学生が一連の作業を行っている様子を観察する。最初、学生は、一ページを作るのに、平均して二〇分程度かかる。早い学生で一七分程度、遅い学生で三〇分程度もかかる。一ページできたら、手を上げさせる。その学生の席に行って、ノートの質を点検し、助言する。

その他に、辞典の使い方がぎこちない学生や、作業の能率が悪い学生には、個別に助言を行う。

授業中に、二回（一回当たり四〇分）、前記のような機会を与える。

提出されたレポートの例を、左に引用する（資料Ⅱ-5-3～資料Ⅱ-5-6参照）。

資料Ⅱ–5–3　中間レポートの主幹部例②

資料Ⅱ–5–4　中間レポートの振り返り例①

（5）この課題研究を通して考えたことや感じたこと

私が今回の課題研究を通して感じたことは、とにかく大変だということです。ですが、ただ大変というだけでなく、今まで自分の筆順の間違いに気づいたり、どのような場面で使われる漢字なのか、ということを改めて学習することができたりと、発見が多いものでした。

電子辞書を使っても、漢字の部首やつくり、総画数などは冊子体辞書と同じように獲得できたと思うのですが、冊子体辞書を活用したからこそ、調べた文字に関連する他の文字の知識を得ることができたと思います。また、時間をかけて懸命に調べたからこそ、頭に残るものだと思うので、このような点から、教師は小学生に冊子体の辞書を使用させるのだろうと私は考えました。

しかし、私は、子どもに漢字を教える立場を目指しているにもかかわらず、基礎的な知識もまだまだ身についていないという状況でした。今後は、今回調べた漢字以外の漢字についても知識を増やし、漢字だけでなく、様々な教養を身につけることのできる有意義な大学生活を送れるよう、一つ一つの講義を大切にしていこうと思います。〔傍点は、引用者。〕

資料Ⅱ-5-5 中間レポートの振り返り例②

(5) この課題研究を通して考えたことや感じたこと

最初、この課題研究を与えられた時、「小学校六年生から一年生までのピックアップされた漢字を一字ずつ部首名や解字、短文など細かく調べて、まとめるのは何の意味があるのか」と思った。実際に、課題をしてみると、小学生の漢字なのに部首名や書き順を間違えていたり、知らない読み方もあったりなど、思っていた以上に知識がなかった。

今では、携帯やパソコンでのやりとりが当たり前で、昔のように自分で文字を書くという作業が少なくなってきている。携帯は分からない漢字、思いつかない漢字でも打てばすぐに変換されて出てくる。しかし、いざ自分で書くということになると、なかなか書けず、簡単な字でもとても時間がかかり、恥ずかしさと焦りを感じた。

今回、この課題を通して、文字を書くということは大切だと改めて気づかされた。私は、将来、指導者になる上で、情報機器に頼らないでも、自分でちゃんと書記できる指導をしていきたいと考える。また、このノートをうまく活用していこうと思う。〔傍点は、引用者。〕

資料Ⅱ-5-6 中間レポートの振り返り例③

(5) この課題研究を通して考えたことや感じたこと

今回、この課題を通して、自分の書き順の不正確さを実感しました。自己流の書き順に慣れていたので、正確な筆順では文字を書きにくかったです。子ども達は、黒板に書く教師の文字をよく見ています。今のうちに、きちんと正しい筆順を身につけようと改めて思いました。

また、短文を作る際に、熟語の意味の理解が曖昧なものが数多くありました。筆順や部首を知るだけでなく、言葉の使い方も同時に学ぶことが出来て良かった反面、私は語彙力がないと感じたので、文章や本を読んで知識を増していこうと思います。

> 筆順にしても、部首名や画数にしても、小学校における教育の重要性を改めて考えるきっかけになりました。最後に、友達と確認しあう中で、辞書によって、「六書」が異なっているという発見がありました。一つの情報源だけでなく、複数の情報源を活用することで違いや新たな発見があるのだと感じました。
> 　時間はかかったけれど、その時間の分だけ、自分のためになる知識や情報を得ることができました。〔傍点は、引用者。〕

以上を見ると、学生は、最初は、渋々、課題に着手したことが分かる。時間がかかる。手間がかかる。苛立ちながら作業を進める。その後に、自分の力の無さに気づいている。「基礎的な知識もまだまだ身についていない」「思っていた以上に知識がなかった。」「恥ずかしさと焦りを感じた」「語彙力がない」……。これは、第Ⅰ部で述べた「肥前華子」が抱いたのと同質の感情である。

　ということは、手書きには、自分の現実を直視させる力があるのだ。

　《手書き》は、〈時間〉がかかる、〈身体〉を使う（手間がかかる）。この行為には、人間を知的に謙虚にさせる力があるのだ。

第二節　漢和辞典を視写させる

　なぜ、このような中間レポートを課すようになったか。

　それは、第Ⅰ部で述べたように、学生に、「意味ある内容を自分自身の中に獲得」させなければならないと考えるようになったからである。〈言葉〉を増やし、その〈言葉〉を使って表現することができる人間を育てなければならないからである。

学生は、ＰＣ依存に陥っている。レポートを作成するのに、インターネットの検索だけですませる。読書ゼロの学生もいる。

自分自身で考えたことを文章に書く機会がない。厳密に言えば、考え抜いた自分自身の考えを言葉で書き記す機会がない。インターネットの検索で「ヒット」する浅い知識を「コピペ」して作成したレポートでも、単位を修得できる。読書の必要もないのである。深く考える機会がない。

多くの学生は、インターネットの検索が使えないレポートが苦手である。

たとえば、観察結果の報告である。参観した授業の観察記録を書くことに手間取る。観察したことを〈言葉〉で表現することができないからだ。

附属学校で参観した授業の記録は、今のところ、インターネットには掲載されていない。（そのうち、有料で、記録が「コピペ」できるようになるのかもしれないが。）

だから、四苦八苦して、観察記録を作成する。中には、提出できない学生がいる。最近では、提出できない学生が少しずつ増えてきた。同じ学級を参観した他人のノートを写して、帳尻を合わせるということもしない。それは、手書きで写すと、自分の能力では、どのくらい時間がかかるかということが見通せないからである。見通せないから、ノートを貸してもらう手間を見越した行動が取れない。一晩、徹夜すれば、何とか体裁を整えられるという安易な習慣が原因である。ＰＣでのレポート作成は、自己認識を誤らせる。

また、インターネットの検索では、上がってきた見出しだけを読み、一瞬で取捨選択する。じっくりと、知識の体系や重みを実感することができない。知識の体系や深みを具現化した人間に対する畏敬を覚えることができない。

だから、中間レポートを通して、辞典を引かせ、辞典を読ませた。視写させることによって、辞典を読ませた。

第一項　「なぜ、電子辞書ではいけないのですか」

例年、学生は、中間レポートで、電子辞書を使いたいと言ってくる。インターネットの検索に浸りきっている学生には、凡例を理解し、ページを繰りながら、該当する文字を見つけることなど、面倒臭くてやってられないというわけだ。

しかも、電子辞書なら、手書き入力[1]できる。読めなくても、画数を調べなくても、部首を知らなくても、検索できる。手書き入力は、少しぐらい字が間違っていても、検索してくれる。

どうして、こんな便利なものを使わせないのか。学生は、私を「オニババア」だと思ったようだ。

冊子体の辞書は、学生の言葉では、「紙辞書」と言うそうだ。「紙辞書」の漢和辞典を持っていないばかりか、使ったこともないという学生もいた。「今さら、新たに、買わされるのか！」と。当座の仕事に馴らされた一年生には、まったく理不尽なのだろう。

「紙辞書」の漢和辞典は、使えるようになるまでに時間と手間がかかる。いきなり、引けない。凡例を読む、部首の知識を持つ、点画の意識を持つ……。一字を検索するまでに、時間と手間がかかる。つまり、漢和辞典の体系を知ることから始めないと使えない。

逆に、体系を把握しているから、〈言葉〉を広げることができる。つまり、連なりを理解し、差異を理解することができる。その上で、緻密な語彙を手にすることができるのだ。

私は、内心、電子辞書をこっそり使うなら、それはそれでよいと思っていた。

中間レポートでは、最低限、検索した文字の解説を手書きで視写させることができればよい。手書きで視写する速度で、解説を読ませることが最低限の到達目標である。

そこで、平成二六年度では、中間レポートに先だって（「漢字の由来」の回で）、私は、次のように切り出した。

「電子辞書しか知らないということは、問題です。他にどんな種類の漢和辞典があるのかを調べてから、中間レポートに取り掛かることにしましょう。」

第二項　「漢和辞典比較調査」

中間レポートでは、漢和辞典を使わせる。中間レポートに使用するのに、適切な漢和辞典は何か。そのことを納得させなければならない。

そのために、次のような「漢和辞典比較調査」を課した。

ゴールデンウィークに、グループで、「漢和辞典比較調査」（資料Ⅱ-5-7及び資料Ⅱ-5-8参照）を行わせた。ゴールデンウィークに、一日くらいは図書館で過ごしてほしいと思ったからでもある。

なお、各辞典の書誌事項については、学生にはここでは提示していない。調査して配付した用紙に各自記入させるようにした。したがって、以下では、それぞれ『大漢和』、『広漢和』、『字通』、『字訓』と称する

① 座席指定による四人グループで、以下②③を、協力して行う。

② グループごとに指示された漢字一字について、次の辞典によって、調査する。

a.『大漢和』　b.『広漢和』　c.『字通』　d.『字訓』

e. 高校生の時に使っていた漢和辞典　f. 自分の電子辞書に搭載されている漢和辞典

③ 前項②に関して、次の点を明記する。

a. 編著者名　b. 発行年　c. 発行所　d. 収蔵されていた場所（図書館名など）

e. 該当漢字が収載されていたページ

④ 該当漢字に関して、前項②の辞典で、解説していることを、手書きで、そっくりそのまま転写する。転写した者の氏名を書く。転写を確認した者の氏名も書く。

⑤ 前項①～④をふまえて、辞典a～fの特徴報告と調査活動報告を、個人で行う。

あるグループは、資料Ⅱ-5-7のように報告した。

犯	書名 編著者 発行年 発行所	収蔵場所 担当／確認	記載事項 〔収載頁〕
大漢和	大漢和辞典　巻七 鈴木荘夫 昭和三十三年 株式会社 大修館書店	長崎大学 中央図書館 三階	〔犯〕20113 ハン ボン〔集韻〕父錽切 上 豏 犯 韻 ㊀をかす。〔説文〕犯、侵也、从犬巳聲。〔段注〕本謂犬、段借之謂人。(イ)ふれる。あたる。〔玉 篇〕犯、突也。〔左氏、襄、十〕衆怒難犯。(ロ)うつ。つく。攻める。〔小爾雅、廣言〕犯、突也。〔左氏、 襄、十八〕師甲三百、宵犯齊師。(ハ)かつ。しのぐ。〔爾雅、釋詁〕犯、勝也。〔書、大禹謨〕茲 用不犯于有司。〔禮、曲禮上〕介胄則有不可犯之色。〔論語、學而〕其爲人也 孝弟、而好犯上者鮮矣。㊁さからふ。逆らふ。〔禮、檀弓上〕事親有隱而無犯。 〔國語、晉語三〕使君謂是犯也。〔注〕犯、犯逆也。(ホ)法を破る。おきてを無視する。 〔韓非、詭使〕爲犯二名律乎、爲犯嫌名律乎。(へ)したがふ。〔周禮、夏官、大司 馬〕犯令陵政則杜之。〔注〕犯令者違令也。(ト)そこなふ。〔國語、周語下〕水火 之所犯、猶大矣。〔注〕犯、害也。(チ)やぶる。くじく。〔廣雅、釋詁四〕犯、敗也。〔國語、楚語下〕 而所犯必大矣。〔注〕犯、敗也。(リ)こえる。〔注〕犯、猶僭也。(ヌ)女ををかす。姦する。 (ル)いつはる。〔禮、檀弓下〕犯人之禾。〔注〕犯、猶僭也。〔禮、坊記〕民猶犯齒。 刑律、犯姦。〔禮記〕凡親屬犯姦至死罪者、若強姦未成、依律問罪。(ヲ)明律 (ワ)あやまち。〔注〕犯姦不如不解。〔說文〕犯、猶遇也。(カ)つみ。法にさからった罪
広漢和	広漢和辞典 鈴木敏夫 昭和五十七年 株式会社 大修館書店	長崎大学 中央図書館 三階	2〔犯〕7747 ⓐハン・おかす ハン・ボン 圖〔廣韻〕防錽切 上 音 ①おかす。をかす。〔説文〕犯、侵也。从犬巳聲。〔段注〕本謂犬、段借之謂人ニ。〔廣雅釋 言〕犯ハ、侵也。〔廣韻〕犯ハ、干也、侵也。⑦ふれる。あたる。〔玉篇〕犯ハ、抵觸也。〔左氏、襄公十 象怒ハ難犯。④うつ。つく。攻める。〔小爾雅、廣言〕犯ハ、突也。〔左氏、襄公十七〕師ハ甲三百、宵 犯ス齊ノ師ヲ。⑦かつ。しのぐ。〔爾雅、釋詁上〕犯ハ、勝也。〔論語、學而〕其爲人也孝弟而好 犯ス上ヲ者ハ鮮シ矣。〔集注〕犯ハ上ヲ、謂フ干ス在上之人ニ。⑤さからう。〔國語、晉語三〕 君ニ犯シ以テ責ニ異ナル也。〔注〕犯ハ、犯逆也。㊅法を破る。おきてを無視する。〔禮、雜記〕詩 不寫ス、犯ハ不犯ス恤ス法令。⑦たがう。〔周禮、夏官、大司馬〕犯ス令ヲ陵政則杜之。〔字〕犯上令。

下につづく

	辞書名・著者・出版年・出版社	調べた場所	内容
字通	字通 白川静 一九九六年 株式会社 平凡社	長崎大学 中央図書館 三階 犯	【会意】犬＋卩(㔾)。卩は人がうつぶせに伏している形。字形のままに解すれば、人が獣を犯す意となるが、卩はその姿勢のものを示すとみてよい。[説文]十上に「侵すなりとし、[illegible] [illegible] 罪人 [illegible] 犯罪 [illegible] 犯 [illegible]
字訓	字訓普及版 白川静 一九九五年 株式会社 平凡社	長崎大学 中央図書館 三階 福井瑞生	をかす 犯・侵 [illegible] 規範とすべきことを破って、違法をおかすこと。[illegible]
高校生の時に使っていた漢和辞典	漢和辞典(第五版) 赤尾文夫 一九九三年 株式会社 旺文社	実家 自分	犯 ハン ボン おかす [illegible] 解字 形声。犭(犬)と、音を表す㔾(ハン)とで、犬が囲いを破って人を害する意。 意味 ①おか-す(をかす) ⑦規範を破る。 ⑦法を破る。 ⑦よくないことを引き起こす。 [illegible] ②つみ。法にそむいた罪。 ③婦人に暴力を加える。 [illegible] 違犯・主犯・共犯・軽犯・現行犯・再犯・重犯・侵犯・戦犯・防犯 [illegible]
自分の電子辞書に搭載されている漢和辞典	新漢語林 2011年 大修館書店	自宅	部首 犭部 総画 5画 内 2画 区画 4040 JIS 94C6 JIS 4848 音 ハン 常訓 おか-す 漢 ハン 呉 ボン ①おか-す(をかす)。わくをふみこえるの意。ふれる(触)。当たる。法を破る。おきてを無視する。「防犯」 討つ。攻める。 さからう。しのぐ。 〔論語、憲問〕 欺也。而犯之。 欺くこと勿かれ。而して之を犯せ。主君をだましてはならない。しかししっかりと意を向かっていうべきことをいい(場合によっては)逆らいなさい。 そこなう(害)。 〔荀子、性悪〕 然則従人之性、順人之情、必出於争奪、合於犯分乱理、而帰於暴。 然らば則ち、人の性に従い、人の情に順へば、必ず争奪に出で、犯分乱理 [illegible]

上からつづく

宦者。〔食貨志四〕私鑄月再再犯。㊂つみびと。罪人。〔仕學大象〕與一衆犯一陽別廣害。㊃詞曲の樂調の名。宮音・商音を置き換えた曲。犯聲(ふせ)・犯調(ぶ)を見よ。〔中華大字典〕犯、詞曲物、換宮商曰犯。如、周邦彦有了犯、姜夔淒涼犯之類。〔姜夔、淒涼犯〕錄楊巻伯、西風起、邊城。〔注〕仙呂調、犯商調。㊄古、放(一三〇五)・犯(平一三〇五)に作る。〔宝篇〕犯、古犯字。〔集韻〕犯、古作、㊅國云云になる。〔犯害〕〔犯義〕〔犯故〕〔犯鬪〕〔犯圓〕〔犯遣〕〔犯曲〕〔犯或〕〔犯害〕〔犯行〕〔犯手〕〔犯諱〕〔犯顏〕〔犯危〕〔犯忌〕〔犯規〕〔犯禁〕〔犯境〕〔犯逆〕〔犯禁〕〔犯科〕〔犯埼〕〔犯滑〕〔犯官〕〔犯殿〕〔犯赦〕〔犯闕〕〔犯侍〕〔犯妻〕〔犯積〕〔犯塞〕〔犯塵〕〔犯罪〕〔犯罪學〕〔犯罪地〕〔犯則〕〔犯意〕〔犯私〕〔犯兜〕〔犯尊〕〔犯証〕〔犯上〕〔犯守〕〔犯服〕〔犯色〕〔犯觸〕〔犯京〕〔犯進〕〔犯性〕〔犯聲〕〔犯則〕〔犯治〕〔犯蹈〕〔犯臨〕〔犯逆〕〔犯潮〕〔犯調〕〔犯土〕〔犯難〕〔犯人〕〔犯人藏匿罪〕〔犯轄〕〔犯罰〕〔犯法〕〔犯香〕〔犯蹕〕〔犯病〕〔犯禪〕〔犯分〕〔犯命〕〔犯夜〕〔犯亂〕〔犯顔〕〔犯鋪〕〔犯令〕〔犯例〕〔犯辰〕〔犯歷〕〔犯獵〕〔有犯〕〔犯酒性〕〔犯節氣〕〔犯度氣〕〔犯不上〕〔犯而不校〕〔犯禮儀光〕〔有不可犯之色〕⑦七五七八ム

乘、違也、命也。㊁そこなう。〔國語、周語下〕水火之所犯。〔注〕犯、害也。㊂そこなう。くじく。〔漢書、梓語四〕犯、勝也。〔國語、楚語下〕大川、...犯、敗也。㊃ふみつける。〔禮記、檀弓下〕今子犯暴其身。〔注〕犯、人之犯。〔注〕犯、躪也。㊄こえる。身分をこえたことをする。〔漢書〕犯、僭也。〔禮記、坊記〕觸酒...㊅おかす。おかす。みだりにかかわる。〔明律、刑律〕犯姦條例。凡親屬相犯...成、律、作、問罪。㊆しおかす。ひとおこす。かもす。〔唐李商隱、雜纂〕不知、不言無、婦人縣、時、犯物議。㊇あう。〔淮南子、主術訓〕犯患難之危。〔注〕犯、猶遇也。㊈つみ。犯罪者、刑を受けた回數をかぞえる語。〔唐書〕初犯、再犯。㊉詞曲の樂調の名。宮音・商音をおかす曲。劉史、使、十代、刑、罪の類。〔寰宇記〕課料、㊀つみびと。罪人。犯罪者。〔仕學大象〕與一衆犯一陽別廣害。㊁詞曲の樂調の名。宮音・商音をおかす調。西只、犯、與、關...犯之類。〔姜夔〕犯聲。二犯、三犯、四犯など。犯聲...㊂古、違犯、干犯、犯罪、侵犯、犯人、防犯、累犯、〔犯違〕はんい〔犯逆〕はんぎゃく〔犯闕〕はんけつ〔犯禁〕はんきん〔犯罪〕はんざい〔犯上〕はんじょう〔犯人〕はんにん〔犯胆〕はんたん〔犯則〕はんそく〔犯法〕はんぽう〔犯分〕はんぶん〔犯顏〕はんがん〔犯令〕はんれい〔犯鋪〕はんぽ〔犯跡〕はんせき〔犯用〕はんよう〔犯罪〕はんざい
〔犯用〕(一〇〇七)⑦一〇八八ム

犯違 はんい 違反する／犯す はんかおかす／犯気 はんき 禁を破る／犯規 はんき 反則／犯逆 はんぎゃく 背く／犯教 はんきょう 教えに背く／犯境 はんきょう 越境する／犯罪 はんざい 罪をおかす／犯刑 はんけい 犯罪／犯行 はんこう 逆らう／犯証 はんしょう 犯罪の証拠／犯色 はんしょく 犯顔／犯声 はんせい 調の変調／犯則 はんそく 規則に違反する／犯逃 はんとう 逃走する／犯輪 はんりん 車軾／犯罪 はんざい 法をおかす／犯法 はんぽう 法をおかす／犯命 はんめい 命をおかす／犯夜 はんや 夜歩き／犯由 はんゆう 罪状／犯乱 はんらん おかし乱す／犯蹕 はんひつ 天子の逆鱗にふれる／犯令 はんれい 令をおかす／犯属 はんぞく しいたげる／犯歴 はんれき 違反する／・違犯・干犯・侵犯・共犯・狂犯・驚犯・軽犯・賊犯・誤犯・再犯・主犯・重犯・従犯・初犯・触犯・侵犯・正犯・戦犯・抵犯・触犯・不犯・防犯・冒犯・陵犯・累犯⑦一三八ム

〔説文解字の段(玉裁)注〕に記録する者が見えており、古代には一般に、このようなことを神を汚す行為とする観念があったのであろう。儆の初文は寂。〔説文〕七下に、寂は駐するなりとするが、寂廟を安とし、廟に酒をそそいで廟中を清めることをいう。その酒気が廟中に満ち広がることを侵という。侵を侵攻する意に用いるのはその転義であり、字形のうちに侵攻の意を含むところはない。儆・祲はすべてその声義をうける字である。帽は目深く帽子を被って、目だけが見えている形、ものを深く被って、目だけが見えている危険を冒して進むことをいう。のち帽の字が作られるが、もとの冒の字に、冒進と帽子との義が含まれていたのである。⑦八一六ム

［K7］のグループ（J6、K6、J7、K6）は、一度、四人一緒に図書館に行って、実物（『大漢和』、『広漢和』、『字通』、『字訓』）を見ている。そして、一緒に、該当するページを目にしている。その後、該当するページをスマホで撮影し、SNSの一種で共有している。その後、スマホの画面を見ながら、指定のプリントに転写している。

一方、多くのグループは、［G5］（G5、I5、G6、I6）のように行った。つまり、始めに、『大漢和』の担当、『広漢和』の担当、『字通』の担当、『字訓』の担当のように、それぞれの分担を決めている。担当者は担当の辞典には触って、ページを繰る。しかし、他の辞典は、見もしないし、触れもしない。それぞれが分担したもののみの撮影を行い、SNS上で共有する。共有したものを、それぞれが、指定したプリントに転写する。そうなると、書庫の暗さ、湿度、匂い……を知らない。

スマホの小さい画面を、何度も「タッチ」しながら、転写するので、実物のページを見ながら転写したり、紙

上からつづく

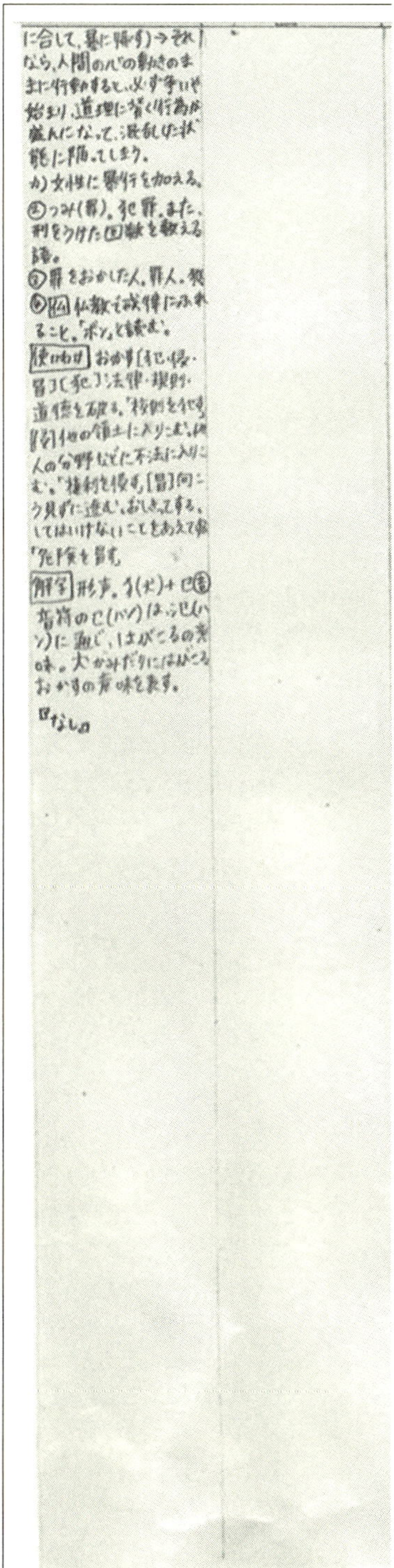

媒体にコピーしたものから転写するより、大幅に時間がかかる。

また、何より、実物の物体としての迫力が分からない。全体像の中における位置づけが、把握できない。周辺の情報が切り落とされてしまう。だから、「この宿題は、何の意味があるの?」と思ってしまう。

来年度は、この問題を解決する方策を講じなければならない。

しかし、学生は、電子辞書以外にも、多様な漢和辞典が存在することを手書きすることで体感した。手書きで視写する速度で、漢字の解説を読んだ。「コピペ」では、得られない知識、及び感情を得たようだ。

資料Ⅱ-5-9 「漢和辞典比較調査」に関する活動報告例①

［K 7］

①長崎大学図書館 2F 書庫に入り、辞書を探した (全員)。
②書庫 3F で辞書を捜し、「犯」という字を見つけた (全員)。
③それぞれの辞書を iphone で撮影した (J 7、K 7)。
④それらを LINE 上に貼った (J 6、K 6)。
⑤書庫から出て、図書館 1F で 4 つの辞書の特徴について話し合う (全員)。
⑥自宅で、それぞれ、転写 (各自)。
⑦大漢和が補巻だったことに気づく (K 6)。
⑧長崎大学図書館書庫 3F で大漢和を撮影する (J 7)。
⑨ LINE 上に貼る (J 7)。
⑩署名したり、まとめをした (全員)。

始めはすぐに終わるだろう、と思っていたが、あまりに量が多いために、集中力が続かず、だいたい 5 時間かかった。手が痛くなり、スマートフォンで撮影していたので、ずっと画面を見続けてたために、手が痛くなり、視力が落ちたと感じるくらい目が疲れた。大漢和と広漢和においては、漢文だらけの上に、返り点や旧漢字が使われていたので、大変でした。用例の部分では、どの辞書もほとんど同じだったので、何回も書いてるなと思っていました。転写するのは大変でしたが、漢和辞典でも内容や書き方が異なっていることに気づけました。

資料Ⅱ-5-9 「漢和辞典比較調査」に関する活動報告例②

［Ｇ５］

グループ活動で、私が行ったこと。

①４つの辞典の分担を決めた（大漢和；Ｇ６、広漢和；Ｉ５、字通；Ｉ６、字訓；Ｇ５）。
②長大図書館 3F 書庫で、字訓を探した。
③「垂」の字を探して、スマートフォンで写真を撮った。
④ LINE で「書写『垂』」のグループに写真を送信した。
⑤他のメンバーが調べた分と、自分の分を提出する紙にまとめた。
⑥提出日当日の朝 8:30 に図書館に全員が集まり、最後の確認を行った。

計画的に取り組んだつもりだったが、想像以上に量が多く、5/6 23:00 ～ 5/7 4:00 にかけて、徹夜をするはめになってしまった（そこで、辞書３つ分を終わらせた）。

短期間でこれほど膨大な量を書き写す作業は初めてであったので、気が遠くなった。私は、字訓担当だったので、写真５枚でおさまったが、他の人は 35 枚送信してくれた人もいて、大変な作業をしてくれたことに感謝のきもちでいっぱいだ。協力することのすばらしさを心から再認識した。

他の班の人の中には、漢字がのっていない（みつからない）人もいて、私はすぐにみつけられたのでラッキーだと思った。班のメンバーにも恵まれてラッキーだった。

４つの辞典を比較してみて、奥深さを一番に感じた。私は、中学校の国語教諭の免許状を取得したいと考えているので、これからも漢和辞典と仲良くしていきたいと思った。
（少なくとも、10 時間以上はかかりました。）

［注］

1　手書き文字を認識するソフトがある。それが格納されている電子辞書は、読めない漢字、部首の分からない漢字、画数の分からない漢字等を、タッチペンで手書き入力すると、検索してくれる。誤字であっても、該当する文字を推測してくれる。

第六章　「小学校書写」の課題

本章では、次の二点に沿って、私の実践が意味することを省察する。

① 「小学校書写」終了直後の学生

② 「小学校書写」の今後

第一節　「小学校書写」終了直後の学生

最終レポートでは、「小学校書写」で配付したプリント、自分のノート、及び学習記録等を通覧して、「小学校書写」受講前後の変容を記述させた（資料Ⅱ-6-1参照）。

代表的なものを、次に引用する。

なお、引用中には割愛している部分（[中略][後略]）がある。そこは、「小学校書写」の授業のうち、本書で対象としていない部分（授業研究や毛筆書写の教材研究）に関する記述である。

資料Ⅱ-6-1　「小学校書写」受講前後の変容

［A6］

私が受講前後で変容したことは、〝教える〟ということはどういうことかという考えです。まず、最初の受講基礎調査で自分では知っていると思い込んでいたものも書くことができず、「このままでは何も教えることができない」と、すごく感じました。そこで、辞書調べや中間レポートを経験することによって、「人に何かを教えるためには、教えること以上の知識を身につけることが必要なんだ」ということを考えさせられました。教師という職業は、子どもに与える影響がとても大きく、〝分からない〟じゃ済まされないことが多くあるんだということも実感し、責任というものをとても考えさせられました。

四月の頃に考えていた〝教える〟ということと講義を終えた今の〝教える〟という考えでは、〝どれだけ大変なことなのか、どれだけ責任重大で中途半端なことではいけないのか〟ということが、最初の甘い〝教えればいいんだよね〟という考えから経験するにつれて大きく変わったことだと思います。

〔後略〕

〔傍点は、引用者。〕

［F4］

・ひらがなを正しく書けると思っていたが、なかなか完璧には書けなかった。自分の知識の乏しさを身にしみて感じ、毎週新たな知識を得ることができた。しかし、この得た知識を授業で実践していくためには、研究を重ねていくことが大切だとわかった。知識を得ることだけに満足してはいけないと改めて感じた。

・文字を書く時に、一画一画を意識して書くようになった。中間レポートで指摘された「しんにょう」は、三画で書くようになった。

・五月に行った課題によって、一つの文字を複数の辞書で調べることで、それぞれの辞書の用途、漢字の成り立ち、使い方、熟語などについて理解を深めることができた。一つの文字に対して、様々な記述のしかたがあり、多角的な見方があるとわかったため、今後、授業で取り扱う資料や教材をいろんな面から見ていきたい。

〔傍点は、引用者。〕

資料Ⅱ-6-1　「小学校書写」受講前後の変容

〔J9〕

まず、文字に対する知識が少しは増えたと思う。この授業用ノートの一番初めに貼っている受講基礎調査を見ると、書き順、字源についての知識は皆無に等しい。しかし、講義内で、ひらがな、カタカナの字源を学んだり、中間レポートで、書き順や漢字の成り立ちを調べたりした。このような作業で、先人たちの知恵の積み重ねによって、今の文字があるのだと実感できた。文字に対するある程度の知識がなければ、将来、教師になった際、苦労するだろうから、中間レポートはとてもよい機会になった。次に、鉛筆の持ち方が変わった。最初の方のページに貼っているように、四月ごろの私は、にぎりしめるように鉛筆を持っていた。しかし、青の丸のくぼみのついた鉛筆、輪ゴムなどの矯正道具により、左に示すような持ち方（＊写真は割愛…引用者）になった。あまり力を入れすぎないようにしたら、サラサラ流れるように書けるようになったし、疲れにくくなった。今までは、「自分が書きやすい持ち方でいいのではないか。」と考えていたが、正しい持ち方があるのは、やはり、一番負担がかからないというメリットがあるからなのだと考え直すことができた。〔中略〕

このように、この講義を受けた今、書写への考え方が大きく変わっていったことを実感している。

〔傍点は、引用者。〕

〔K3〕

私が書写を受講して、一番変容したことは、研究し続けなければという思いになったことです。書写を受講する前、書写は今まで習ったものをそのまま教えればいいものだと、少し思っていました。しかし、そうではなく、特に書き順に関しては、学び足りていない部分が多く、その事実に直面した時、昔、自分がおろそかにしていたことが、このことにつながっているのかもしれないと思いました。自分が教師になって、子どもたちに同じことを繰り返してもらわないためにも、しっかり、書き順に関して、研究し学び続けなければと思いました。〔中略〕つまり、全体を通して、もっともっと書写自体の知識や授業方式などは、ずっと学び続けていくことで、子どもたちに書写について伝えられるようになっていくのだと、強く感じました。

〔傍点は、引用者。〕

学生にとって、「小学校書写」の受講は、入学直後から前期間に亘った。それを振り返った文章には、以下の四点が共通している。

①　四月当初、「文字を手書きする」という分野に関して、自分の知識の乏しさに打ちのめされる。無意識に抱いていた全能感に気づく。

②　次いで、「文字を手書きする」という分野に関して、学習や研究の必要性に気づく。

③　さらに、「文字を手書きする」ことを教えることの責任に気づく。

④　「書写」という分野、「手書きする」ことに対する意識が、徐々に、変化していたことに気づく。

以上の四点は、第Ⅰ部で述べた「肥前華子」が抱いたのと同質の気づきである（第Ⅰ部第三章第一節参照）。また、本部冒頭で引用した「書写の授業には、教師は必要か」という屈辱的な回想とは、対極にある。

今後、これらの気づきが、学生の中で、どのようなものに醸成されていくのかを、時間を追って追究していく必要がある。

第二節　「小学校書写」の今後

来年度前期にも、入学直後の一年生を対象として、「小学校書写」を実施する。

どこをどう改善して、「小学校書写」を実施するべきであろうか。一筆、一点一画を手書きすることでしか得られない成果を得るために、何をどう仕組むべきか。

本節では、次の五点に沿って、改善の構想を述べる。

① 漢字の由来と手書き
② 用例と手書き
③ 漢和辞典と手書き
④ 手書きのカリキュラム
⑤ 毛筆を使用した「書写」

第一項　漢字の由来と手書き

現在の「小学校書写」では、漢字の由来に関して、本部第二章第二節で述べたように指導している。本部第二章第二節の冒頭で、次のように述べた（本書一二三頁参照）。

漢字は、語と対応している。漢字を書くことは、〈意味〉を書くことである。だから、手書きは、〈意味〉と直結している。

白川氏の言葉を借りるなら「ロゴス」と直結している。だから、手書きは、漢字が根源的に有している言霊に、〈身体〉で触れる行為なのである。

一方、ＰＣは、ローマ字を入力し、変換して漢字を表示する。〈意味〉に、直結していない。「ロゴス」とも直結していない。もとより、言霊の存在さえ、意に介していない。

この点が、漢字文化的には、最悪の落とし穴である。このことを、学生に理解させなければならない。

しかしながら、現在の「小学校書写」の授業内容は、この理念に追いついていない。つまり、実践が伴っていない。だから、この点に関して、改善する必要がある。

今後は、「小学校書写」において、手書きすることは〈意味〉を書くことなのだと、学生がもっと自覚できる場面を作りたい。手書きすることは、漢字が根源的に有している言霊に〈身体〉で触れる行為なのだと、もっと自覚できる場面を作りたい。

そのことによって、漢字文化圏に固有の世界観に気づかせる。手書きとPC入力との《文化的》差異を深く認識させる。

白川氏の出身地である福井県が行っている実践[1]がある。小学校各学年用のテキスト及び教師用書[2]も作られている。これを観察及び分析することから始めたい。

PC依存の学生には、手書きすることの《文化的》価値の核心に、触れさせることが先決である。

第二項　用例と手書き

「小学校書写」の中間レポートでは、字形、筆順のみならず、漢字の用例までを書かせている（資料II-5-3参照）。学生は、どちらかというと、この用例作りに四苦八苦しているようだ。当該の漢字を含んだ熟語を想起するのに、時間がかかるらしい。

中間レポートを点検すると、おかしな用例が散見される。だから、それをチェックして、返却する。現在は、その程度の指導でしかない。

しかしながら、このあたりに、今後の「書写」の可能性があるのではないだろうか。

二十年前の学生に比較して、現在の学生は手書きして、文章を産出することが、少なくなった。そのことが、どのような害を生んだか。第Ⅰ部において、私の周囲の例を挙げて述べた。

つまり、次のようなことである。

レポートやレジュメの枚数が増えたが、内容が薄い。誤字脱字が増えた。公的な言葉遣いで書けない。………


その原因は、次の三点である。


ＰＣ入力では、ローマ字に分解し、変換して、文章を作成する。ＰＣソフトが候補に上げてくる語の中から選択する。ＰＣソフトが上位にあげてくる選択肢を選択する。

あがいて、苦心して、自分自身が使う語を絞り込むわけではない。


ＰＣソフトで作成された文章は、体裁よくレイアウトされている。つまり、限定された狭い範囲内で、構成を整えることはできる。一方で、全体を見る力が落ちている。

それは、ＰＣソフトでは、文章の修正がしやすいからだ。元の状態を消し去ってしまうからだ。そのことによって、作成の過程が見えなくなるからだ。

試行錯誤の中で上がってきた片言隻語。それを、改めて読み返し、層に分類したり、配列を組み変えたり、視点を変えて練り直すことができない。

インターネットで調べものをするから、じっくり根気強く読み書きする経験が少ない。だから、地力になっていない。瞬時に「スループット」して、「コピペ」で間に合わせるからである。

以上の三点は、学生の思考を劣化させた。つまり、ＰＣによる文書作成は、学生自身の思考を鍛えていくためには、極めて有害である。

池田久美子氏の著書『視写の教育　――〈からだ〉に読み書きさせる』には、短大生に「継続的で大量の視写」を課した実践が論述されている。

その書は、「なぜ、視写を課したのか。学生には視写こそが最も役に立つ学習方法だと確信した」「視写によらなければ、学生の読み書きの力は到底育たない」[3]と書き起こされている。

最終章では、手書きとＰＣとでの文書作成の違いについて論じている。その一節を引用する（**資料Ⅱ-6-2**参照）。

資料Ⅱ-6-2

私の視写の授業では、手書きのみをさせる。「日本語表現」で課す作文も手書きである。たまに作文をコンピューターで「作成」してくる学生がいるが、それは受理しない。必ず手書き原稿を提出させる。

なぜコンピューターの使用を許さず手書きさせるのか。学生に楽をさせないためである。楽をすると〈からだ〉がなまる。つまり、書く体力が低下する。書く体力の低下は、書く気力の低下をもたらす。書く意識が集中を欠き、散漫になる。散漫な意識で書いた文章に赤を入れてやる親切は、学生を育てない。気楽に（つまり無自覚に）書いた文章でも指導してもらえると誤解させるだけである。佐渡島氏はそうは考えないか。

コンピューターで文章を「作成」するのと、手書きとの違いは、〈筆触〉にある。〈筆触〉は手書きする時にのみ生じる。［中　略］

抵抗が少ない分、打鍵の速度は速い。コンピューターによる文章の「作成」は、速いのが身上である。習熟すれば、全くキーボードを見ずに高速で打鍵できるようになる。打鍵は反射運動である。

これに比べて、手書きは遅い。一字一字、崩すことなく原稿用紙のマス目に字を入れていくと、四百字詰原稿用紙一枚書くのに十五分かかる。打鍵なら、数分で済む。

手書きは時間と労力がかかる。能率が悪い。しかし、能率が悪いゆえに、考え迷う時間がある。例えば、「行為」「言動」「振る舞い」……どの語を選択するべきかを考え迷う。文脈に照らして選択肢をいろいろ入れ替えてみて、書いたり消したりする。消しゴムを使わなければ、その試行錯誤の跡を残し得る。

コンピューターの場合、「行動」という語が頭に浮かぶと、ひらがな入力かローマ字入力かで漢字に変換する操作を行う。変換する時に現れる選択肢群は、ソフトを作った誰かが並べた同音異義語である。「行動」「坑道」「公道」「黄道」「講堂」……使用頻度順だというが、目下考え合わせたい選択肢群とは何の関係もない、無意味な選択肢が並んでいる。「行動」が使用頻度第一位であるならば、変換キーの打鍵一つで「行動」が画面に出現する。同音異義語の選択肢群の出る幕すらない。

これらの操作は考え迷う暇を与えず瞬時に反射的に行われる。例えば「行動」の漢字表記がうろ覚えであったとしても、音（おん）を入力しさえすればコンピューターが教えてくれる。辞書を引く必要もない。書き手の思いつきは瞬時に活字となり、書き手の目に飛び込んでくる。そこには考え迷わせてくれる抵抗がない。

また、コンピューターの場合、語、文、文章の変更も削除も複写も、楽なものである。しかも、それらの操作の履歴は画面に残らない。つまり、書き直しの過程は跡を留めない。書き直しの結果のみがきれいな形で出現する。だから、清書は不要である。書き直しの過程がすっかり画面から消え失せるから、夥しい書き直しの跡をたどり、書き直しの判断が本当に正しかったかと悩むことができない。

池田久美子『視写の教育――〈からだ〉に読み書きさせる』（二〇一一年　東信堂）一六八～一七〇頁

つまり、日本語で思考する力を鍛えていくためには、手書きすることが不可欠なのである。表面的でない知的成熟を身につけるためには、手書きは不可欠なのである。

池田氏は、「学生の読み書きの力」を育てるために、「継続的で大量の視写」を行った。そのことによって、次のような状態を改善した（**資料Ⅱ-6-3**参照）。

資料Ⅱ-6-3

たどたどしい文章である。学生が書く文章は、小学生特有の表現、語法を未だに引きずっている。「心配な事で、」(A)（波線引用者、以下同じ）と話題を提示する語法。「こうゆう事」(B)という表記の誤り。「なので」(C)、「あと」(C・D)、「それと」(E)という接続詞的語法。「もちたいです。」(C)、「こく復したいです。」(D)という語法。小学生時代に身につけた表記、語法であろうが、その後の成長が見られない。

さらに、「スピーチと言う物」(C)、「こく服」(D)という表記の誤り。「顔色をうかがいながらいる」「自分から行動して勇気が持ちたい」(C)、「出来ない方が強い方です。」(D)という語法の乱れ。この片言。このしどろもど

> ろ。書いている学生も苦しいだろうが、読まされる側も苦しい。
> これらの誤り・乱れは読み書きの経験が絶対的に不足しているから生じる。読み書きの経験が絶対的に不足していては、表記、語法の規準が確立できない。つまり、安定した文体が形成できない。安定した文体は、表記の誤り、語法の乱れを防ぐ装置である。この装置を欠いているから、書いていて苦しいのである。
> 読み書きの経験が絶対的に不足している事態を何とかしなければならない。読み書きの経験を積ませなければならない。しかし、前の第一節で指摘した。学生は「文章が書けない。本も読めない。」(六ページ)。だから、作文を課しても読書を課しても掛け声だけに終わる。実質的に読み書きを経験させるに至らない。しかも、少々の課題をこなす程度では全く足りない。もっと大量の読み書きが要る。
> ゆえに、視写がよい。読み書きの経験を積ませるために、継続的で大量の視写を課す。「はじめに」「あとがき」程度ではなく、もっと大量の視写を課す。この視写が学生を助ける。学生が「苦手」を「こく復」する助けになる。
> この視写で、学生の信に応える。
>
> 池田久美子『視写の教育――〈からだ〉に読み書きさせる』(二〇一一年　東信堂)一〇〜一一頁

つまり、池田氏は、「継続的で大量の視写」によって、学生に「読み書きの力」(コミュニケーションの力)を身につけさせた。池田氏の実践をふまえると、手書きは、「読み書きの力」(コミュニケーションの力)に資することが明らかになった。

字形や筆順の指導は、「読み書きの力」をつける指導の一部である。「読み書きの力」を有した主体を育てるために、字形や筆順の指導をするのである。コミュニケーションの力を増強したいから、自分の筆跡をより良くしたいという意欲が生まれる。第I部で述べた「肥前華子」がそうであった。

今後は、《文化度》の高い主体を育てるための、用例指導に手書きを組み合わせる方法の開発を行うつもりである。

第三項　漢和辞典と手書き

手書きで、円滑に、用例を作ったり、文章を産出したりするためには、漢字の意味や働きを、綿密に理解していることが前提となる。

そのためには、漢和辞典を駆使して、自力で漢字の意味や働きを学習できる力を身につけておくことが必要である。

「小学校書写」では、電子辞書以外の種々の漢和辞典の存在を知らせることから始めた。『大漢和』、『広漢和』、『字通』、『字訓』、高校生用の漢和辞典、電子辞書に格納されている漢和辞典の同字の項を、そっくりそのまま視写させた。学生の反応を見ていると、泳げない子どもを、《文化》の海に投げ入れたようなものであった。

だが、多数の学生は、スマホの撮影機能、及びSNSの通信機能に依存して、《文化》の海を泳ぎきろうとはしなかった。実物の漢和辞典に触れもしないで、単なる手の運動を行っていたにすぎない者も多かった。このことについては、本部第五章において述べた。私の作戦が未熟だった。今後は、これを改善する必要がある。

漢和辞典には、《文化》が集積されている。大型の漢和辞典のページを実際に繰る。そのことで、たちどころに、《文化》というものを体感させることができる。だから、今後は、漢和辞典と手書きとを結合させた実践を開発することとしたい。

たとえば、円満字二郎氏の著書『漢和辞典に訊け！』に、次のようなヒントがある。

資料Ⅱ－6－3

図23 「衷」と「廷」の字形

円満字二郎『漢和辞典に訊け！』(2008年　ちくま新書)156頁

資料Ⅱ－6－4

字形判断の根拠として

また、成り立ちの説明は、ときには、漢字の形そのもののよりどころともなる。漢字の書き方でよく読者から質問を受けるものに、「折衷(せっちゅう)」の「衷」がある。図の○を付けた部分の縦棒が、上下につながっているのか、切れているのかというのである。

こういう質問に出会ったら、漢和辞典編集者はまず、成り立ちを確認する。「衷」は、意符「衣」と音符「中」とから成る形声文字と説明されていて、そこまではどの漢和辞典でも異論がない。「中」の音読み「チュウ」が「衷」の音読みでもあるところから、まず間違いなく納得のいく説明である。

そうであるならば、「衷」は字形の上でも「衣」と「中」に分解できなくてはならない。従って、問題の部分は、明朝体ではつながっているように見えても実際は切れているのであり、手書きの場合には、「亠」と「中」に切り離して書くべきだ、ということになる。

また別の例を引けば、「宮廷」「法廷」の「廷」という字について、ほとんどの漢和辞典は図の右側のような漢字を旧字体として立てる。左側の新字体とどこが違うのかといえば、「壬」の二本の横棒の長さが、上が長いか下が長いかだけである。漢和辞典の仕事を始めたばかりのころには、こんなに微細な違いにまで目くじらを立てる漢和辞典というものに、正直、うんざりしたものだったが、これにもちゃんとした理由がある。

「廷」は形声文字だと説明される。音符は「壬」で、その音読み「テイ」が「廷」の音読み「テイ」を表しているというのである。この「壬」は、音読み「ジン」と読む「壬」とは別の漢字であり、新字体のように「壬」を「壬」に置き換えてしまうと、「廷」の音読みは「ジン」でなければならなくなってしまう。だから、漢和辞典としては、いかにも微妙な違いであっても、「廷」に旧字体を立てておく意味があるのだ。

円満字二郎『漢和辞典に訊け!』(二〇〇八年　ちくま新書)一五六〜一五七頁

つまり、字形判断の根拠を漢和辞典で確かめるという学習である。こういう学習を経ていれば、本部第四章で述べた「西海次郎」や「西海三郎」のような学生に、「読み書きの力」、ひいては《文化》の感覚を身につけさせることができるようになるだろう。

第四項　手書きのカリキュラム

「小学校書写」を契機にして、学生は、手書きが、「読み書きの力」、つまり、コミュニケーションの力と関連していることに気がついた。大量に手書きさせられたことによって気がついた。

ところが、長崎大学では、「小学校書写」以外に、大量に手書きをさせるような機会はない。むしろ、学生がほとんど手書きしないで済むように、キャンパスが整備されつつある。つまり、手書きが必要ない生活に埋もれてしまう。

池田氏の実践でも明らかなように、継続的で大量の手書きは、学生に「書く回路」[4]を作る。

したがって、私は、学生の「書く回路」を太く確実な状態にするために、「小学校書写」以外で、手書きする機会を措置することを提案する。

たとえば、小学校教諭を志望する者には、最低、学年別漢字配当表の漢字（現在は、全一〇〇六字[5]）。に関して、字源を調べさせ手書きさせる、用例を作成させるという学習を課す。

選択科目として措置できるか、授業科目以外の何らかの方法で措置できるかはわからない。が、この提案の実現が、ＰＣ依存が進行する社会における、「読み書きの力」低下の歯止めとなることは必至である。

第五項　毛筆を使用した「書写」

本章第一章注にあげた「小学校書写」の授業計画表（本書八九ページ参照）を、改めて見ていただきたい。これには、第Ⅰ部で述べた「私の『書写』観」が、小学校教員養成用の授業計画として表現されている。**資料Ⅱ-6-5**では、授業の中身がより見えるように、時間比率を算出している。

つまり、「小学校書写」で、学生が毛筆を使用するのは、全一五回中五回のみである。しかも、末尾の五回（第一〇～第一四回）に集中させている。授業全体の二〇％である。これだけでは、毛筆を使用した「書写」技術を十分に身につけるためには、はなはだ不十分である。（全一五回実施しても、不十分であろうが。）

このように「小学校書写」を組織にした理由は、これまで述べてきたように、学生に、大量に手書きさせ、「読み書きの力」をつけることを優先したからである。「読み書きの力」を有した手書きする主体を育てることを主眼にした結果である。

硬筆を使用して、授業外にも大量に手書きをさせる。そのことで、「読み書きの力」を有した手書きする主体を育てることを主眼にしたからである。

毛筆を使用したのでは、学生に、「読み書きの力」をつけることはできない。

その理由は、二点である。第一に、時間が大幅にかかる。同じ一文字を書くとしても、硬筆に比べて、毛筆の場合は、時間が大幅にかかる。第二に、毛筆を操作する技術の習得に難儀する。

以上の二点に精力を吸い取られて、学生は、「読み書きの力」を身につけることができない。

資料Ⅱ-6-5　「小学校書写」内容の時間比率

回	調査等	文字研究	姿勢執筆	筆順	毛筆書写	硬筆書写	教科書教材研究	評価研究	授業研究	その他
1	0.8									0.2; 基本テキスト（大岡信）
2	0.3	0.3				0.3	0.1#			
3	0.2	0.4				0.3	0.1#			
4	0.2		0.4			0.3	0.1#*			
5	0.3	0.3	0.1			0.3				
6						0.2	0.3#		0.5	
7	0.1	0.1		0.3		0.4	0.1#			漢和辞典
8		0.1		0.3		0.4	0.1#			漢和辞典
9						0.5			0.5	
10					0.1		0.9*			
11					0.2		0.8*			
12					0.9	0.1				
13					0.9	0.1				
14					0.9	0.1				
15								1.0		
計	1.9	1.2	0.5	0.6	3.0	3.0	2.5	1.0	1.1	0.2
%	12.7	8.0	3.3	4.0	20.0	20.0	16.7	6.7	7.3	1.3

* 書写教科書
\# 国語教科書

が、逆に、毛筆を使用して文字を書くと、時間がかかることや毛筆自体の操作を堪能することができる。たとえば、田中優子氏は、その楽しさについて、次のように述べている。

資料Ⅱ-6-6

書くことの大事な〈手間〉

私は今、コンピューターのワープロソフトを使ってこの原稿を書いている。しかし、これが江戸時代だったら、何を書くのでも〈筆〉と〈墨〉と〈和紙〉を使った。筆と墨によってものを書くとは、いったいどのような行為だったろう。

今回の体験で私がたびたび感じてきたことは、近代が〈便利〉と〈スピード〉を追求することによって、人間は体を使わなくなっただけではなく、頭も心も使わなくなり、その全体を称して〈便利〉といってきたのではないか、心の「手間をはぶく」ことに価値をおいてきたのではないか、ということだった。

ものを「書く」という、あまり体を使わない知的な行為に関しても、どうも私たちは頭や心の手間をはぶいている、という気がしてならない。私は墨と筆でものを書くとき、心が充実して、とてもたのしい。ただ、その一方で、時間がかかる。墨をすることや道具を洗うことや紙を選ぶことや文字を書くことなど、すべての側面について、ワープロを使うのに比べると時間がかかる。

しかし、その間に感じる深い充実感はいったい何なのか。いつもそれが不思議だった。今回は、その楽しさと〈手間〉について考えながら、江戸人にとって「書く」とはどういうことだったのかを追究してみたい。〔傍点は、引用者。〕

田中優子「書くこととその道具」一六九～一七〇頁

石川英輔・田中優子『大江戸生活体験事情』（二〇〇二年　講談社）所収

この一節の後に、田中氏は、江戸時代においては、「書は生活のためにあった」[6]という節を設けている。そこで、「書は芸術である前に生活必需品であり、今は高い値のつく能書家の手紙でさえ、書いた人が、仕事としてではなく自分自身の品格の表現として書を修練した結果なのである。」、「かつて書くことは時間と手間のかかるものだった。そのことが生活の豊かさだったばかりでなく、個人個人にとっての精神的な修練であり、看板や引き札では商店のイメージを決める重要なメッセージだった。」[7]とも述べている。

やはり、江戸時代においても、筆跡は、書き手の《文化度》を表す指標であったのだ。

だから、現代でも、いや現代だからこそ、手書きの技術の指導は、手書きする主体を育てることから「孤立的」ではいけない。繰り返しになるが、該当の箇所を引用する（本書二六〜二七頁参照）。

彼らの生活は、メールの送受信で用が足りる。その生活から外へ出て行こうとしない。メールで付き合える範囲内で生きている。メール感覚が許される範囲で浮遊しているのだ。メール感覚が許されない人間関係や、既に、構築されている社会の仕組み、ひいては歴史の重みや文化の存在を知ろうとしない。視野が狭く、未熟である。きわめて想像力に乏しい。

この状態を放置して手書きの技術だけを指導することは、何とも空しい。この状態の学生に対して、手書きの技術を注入したとしても、彼らは教室を一歩出れば、スマホ三昧、ＰＣ依存の生活に戻るだけだからだ。その生活では、手書きに用はない。手書きする主体を育てるのでなければ、手書きの技術の指導は、無意味である。

手書きする主体を育てるためには、「読み書きの力」が必要である。また、「読み書きの力」をつけるためには、手書きでなければならない。

だから、手書きして「読み書きの力」をつけるために適した道具は、何であるのか[8]。この一点を、考え抜くべきである。

先頃、書道関係団体を中心にして、小学校一年生から毛筆「書写」必修化を要望する署名運動が行われた。大層な数の署名が集まったそうだ。この動きに対して、教育関係者は、緘黙していてはならない。国語科として、毛筆「書写」を必修とするどうかを判断する議論の核心は、「読み書きの力」に、毛筆「書写」が資するかどうかである。

本部第三章で触れたように、現在の小学校一年生の《身体》は、鉛筆での書字に精一杯である(資料Ⅱ-1-1g、および資料Ⅱ-3-13g～資料Ⅱ-3-15g参照)。

江戸時代の子どもは、巻筆[9]を使用して、手習いをしたのではないか。明治期の子どもは、毛筆を使用して、ノートに作文を書いたではないか[10]。……というような反論があるだろう。

当時の子どもにとって、巻筆が一般的な筆記具であった。

江戸時代や明治期の子どもの生活には、彼らを毛筆を使用して手書きする主体に育てる動機付けがふんだんにあった。江戸時代や明治期の子どもは、毛筆を使用して手書きする主体と成り得ていたのだ。つまり、江戸時代や明治期の子どもは、「手書き離れ」とは無縁なのである。

以上、本章で述べたように、今後は、《手書きさせる》ことでこそ得ることのできる国語力を、具体的に論究していくことが、私の課題である。

［注］

1　福井県教育委員会『白川静博士の漢字の世界へ—小学校学習漢字解説本—』(二〇一一年　平凡社) に、福井県内の全小学校では、漢字学習に白川文字学を取り入れているという記述がある。

2　福井県教育委員会『白川静博士に学ぶ楽しい漢字教室』一～六年 (「教師用付き」) (二〇一二年　平凡社)

3　池田久美子『視写の教育　—〈からだ〉に読み書きさせる』(二〇一一年　東信堂) 三ページ

4　池田久美子『視写の教育　—〈からだ〉に読み書きさせる』(前掲書) 二〇六ページ

5　改定常用漢字表 (二〇一〇年) の字数が増加したために、小学校で学習する漢字の字数は、現状よりも増えるだろうというのが、おおかたの見方である。

6　石川英輔・田中優子『大江戸生活体験事情』(二〇〇二年　講談社) 一八〇ページ

7　石川英輔・田中優子『大江戸生活体験事情』(前掲書) 一八一ページ

8　ドイツのヴュルテン=ベルグ州の二〇〇四年版レールプラン (日本でいう学習指導要領。次回改定は、二〇一六年。) の算数科の扉ページには、万年筆を使って問題を解く児童の写真が掲載されている。この万年筆は、ラミー社が提案し、マンハイムの教育ディベロップメントセンターとで、共同開発した児童用製品である。児童及び教師の意見を取り入れ、三年後にデザイン完成、九年後に製品化された。つまり、子どもの書字に関して、教師、保護者、文房具会社、及び政府が、一体となって取り組んでいるという事例である。

9 江戸時代及び明治期初期には、現代人が使っている「水筆」とは異質な「巻筆」が使われていたという。『大江戸生活体験事情』(前掲書)によれば、次のように使いやすいのだそうだ。

鈴木個人としては、雀頭筆(巻筆の一種)以外の、巻筆を使用したことがない。小筆は、穂先だけを使用することが一般的である。穂先だけを使用する書き方では、巻筆と水筆との書き味の違いは、あまり感じない。

巻筆の使いやすさ

巻筆を何年も使い込めば、また報告の内容が違ってくるかもしれないが、第一印象はやはり強靭さだ。まず驚いたのは、仮名の繊細な線が、私のような素人にも実に美しく書けることだった。特に、仮名書き用の筆では、何ミクロンという単位すら可能なのではないかと思うくらい細く書け、しかも力のいれ次第で自由な弾力が得られる。確かに、仮名書きが楽しくなる。

江戸時代の記録や文章、書籍への書き入れは、非常にこまかい字で書いてあることが多いが、巻筆なら微細な字でも楽に書ける。極細ボールペンよりずっと使いやすい。

［中 略］

巻筆を使って感じたのは、江戸時代までの日本の筆は、あまり筆を使いなれない人にとって非常にコントロールしやすかったのではないかということだ。全体に墨をたっぷり含む筆は、プロしか使えない。ましてや、日常的に書く文字は芸術の書とは違う。手紙、大福帳、日記、記録、本の書き込みは、私のように悪筆の者でも、読める字を気軽にある程度美しく書かなくてはならない。しかも、昔の紙は貴重だった。少ない紙にぎっしり書くこともある。紙の裏に書くことすらあった。

たとえば、巻紙の手紙は、巻いた紙を左手に持ったまま右手で書く。私は最初、墨が下の巻紙に写るのではないかと心配だったが、実際に書いてみるとまったく写らない。学校書道では必ずウールの下敷きをして文鎮を置いて書くが、じつは両方ともいらない。巻紙を手で持ったまま、巻きの部分を下敷きにして巻筆で書けば、立ったままでも絵や手紙を書けるから、旅行にはもってこいだ。

〔後　略〕

石川英輔・田中優子『大江戸生活体験事情』（前掲書）二〇〇～二〇五ページ

10

唐澤富太郎『図説　明治百年の児童史　上』（一九七八年　講談社）には、次のようにある。

（1）　習字教育の変遷

〔前　略〕

習字の性格を変えることになる、もう一つの条件は、日常筆記具の進歩である。図版に示されているように、明治期においては、毛筆の日常的実用性はまだ失われておらず、理数科のノートを毛筆で書くことも普通であったが[(3)]、鉛筆が普及し、公文書においても、取り引きにおいても、能率的なペンが採用されるというようになってくると、実用主義的習字教育に反省が加えられるのは当然であった。こうして、習字は、多くの人々にとって、学校教育のごく限られた時間の中で行われるにすぎない、非日常的な体験となっていったのである。

〔後　略〕

唐澤富太郎『図説　明治百年の児童史　上』（一九七八年　講談社）第二六四ページ

なお、引用文中の⑶については、同書三四九ページ～三四九ページに亘って一三枚の図版があげられている。その中から一例を引用する。

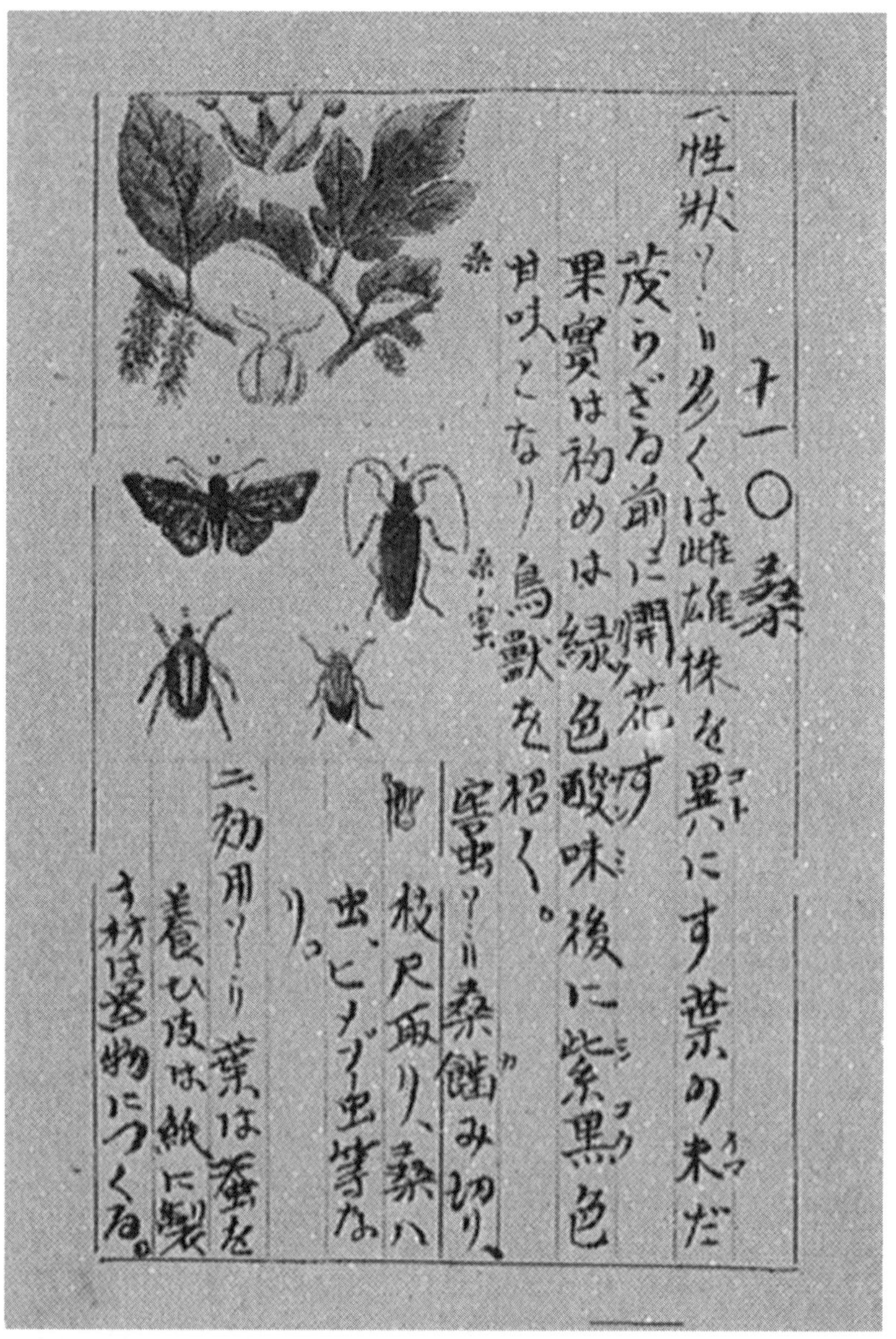
十一〇 桑
一性状ノ一ハ多くは雌雄株を異(コト)にす葉の未(イマ)だ
茂らざる前に開花す
果實は初めは緑色酸味後に紫(シ)黒(コク)色
甘味となり鳥獣を招く。
害虫ノ一ハ桑齧(カ)み切り、
枝尺取り、桑ハ
虫、ヒメコガ虫等な
り。
二効用ノ一ハ葉は蚕を
養ひ皮は紙に製
す材は器物につくる。

唐澤富太郎『図説　明治百年の児童史　上』(前掲書)　349 頁
理科筆記帳の内容 (高等 2 年)

あとがき

◇

本書を執筆することになったきっかけは、平成二三年四月一六日のNHKラジオの放送である。私は、朝の番組で話をした。早起きの宇佐美先生（本シリーズ『大学の授業実践』の監修者である宇佐美寛氏）が、それを聞いていらしたのだ。宇佐美先生は、その日付で、次のようなお手紙をくださった。

今、ラジオで「書育」のお話を聞いたところです。御活躍の御様子、うれしくなりました。老人も励まされました。
もちろん短時間のことですので、「無いものねだり」の感も有るのですが、気づいた疑問点の一部分、左のとおりです。
中　略
そこでプロポーザルですが、

第6巻あたりに「では大学の授業をどうしているか」を書いていただけるといいのですが。(「来年中に脱稿」くらいでけっこうです。)

後　略

四〇冊めの単著である『教育哲学』(東信堂、平成二三年九月発行　東信堂)の「はじめに」で知ったのだが、その日は、宇佐美先生の満七七歳の誕生日であった。

◇

録音したのは、三月一五日。一一日に起こった東日本大震災の影響で、渋谷の放送センターが照明を制限し殺気立っていたことを鮮明に覚えている。ディレクターが、「こういう事態ですから、いつの放送になるかはわかりません。」と言っていた。

電気も水も止まった。交通も麻痺した。生活のあらゆる面で、根拠のない平穏を問い直さなければならないと実感した。

◇

私の専門分野についても、そうである。「手書き」は、どうなるのか。

◇

「手書き」に関して本質的な議論を起こさなければならない。伝統にしがみつくだけの議論や運動は、〈歴史〉の評価に耐えられない。まずは、自分自身の実践に問うべきだ。

そういう気持ちを見抜いたような宇佐美先生のお手紙であった。

◇

しかし、意はあるが、〈言葉〉が足りない。

宇佐美先生は、『視写の教育　―〈からだ〉に読み書きさせる―』（東信堂、平成二三年一一月発行）を脱稿されたばかりの池田久美子先生を紹介してくださった。

「『視写の教育』は、君の専門に近い。彼女が場を得ていたら、国語教育は変わっていたはずだ。そういう才能の持ち主だ。」と。

◇

池田先生には、それ以来、学恩を賜っている。

『視写の教育』を読んで、私が最初に抱いた池田先生のイメージは、「愛情深く、誠実で、ねばり強い方」である。まさに、その通りの御助言、御指導を私にし続けてくださった。厚く御礼申し上げる。感謝申し上げるのに、適切な〈言葉〉がまったく見つからない。

今見ると、至る所に、御助言、御指導が生かせていないところがあることに気が付く。

だから、今後、私が池田先生に御恩をお返しすることができるとしたら、自分の専門分野に立って、改革を提案し続けることである。

◇

東信堂社長、下田勝司氏には、本書の出版にあたりひとかたならぬ御指導、御高配を賜った。本書には特殊な文字や図版が多い。このことについて、最大限のお心遣いをいただいた。一般的な出版物に比べて、多大な御苦労をおかけすることとなった。厚く御礼を申し上げる。

校正に際しては。大森アユミ先生（長崎大学非常勤講師）に、お力添えいただいた。出講に合わせて、読み合わせの時間を捻出してくださったのだ。「書写」の実情を知る方に、校正を助けていただけたことが誠に心強くあった。

学部でも大学院でも、私は、宇佐美先生の御指導を十分に消化できるような学生ではなかった。が、宇佐美先生は機会ある度に、お声をかけてくださる。冒頭で述べたように、今回もそうだった。「私は、大きな方針だけを言うよ。すべて君が決めるのです。」とおっしゃって、励まし続けてくださった。誠にありがたい。

本書は、私の単著第一号である。本書を久米公先生に捧げる。

久米先生は、私の第一の恩師である。久米先生は、平成二四年八月に亡くなられた。久米先生は、およそ二十年間、宇佐美先生と同僚であった。

久米先生は、学生時代から、私が宇佐美先生の御指導を受けることを喜んでくださっていた。他分野から学ぶことをしきりに勧めてくださっていたのだ。

本書が提起した議論が、もし、久米先生が敷かれた「書写」理論を揺るがすこととなったなら、かえって、久米先生は私を褒めてくださるだろう。

二〇一五年一月三一日

鈴木慶子

本書は、左記の科学研究費補助金研究の成果を含むものである。
課題番号：二五五九〇二六八挑戦的萌芽研究　二〇一三年度～二〇一六年度（予定）「『手書き』が培うリテラシーに関する研究を推進するための基礎調査（代表・鈴木）
課題番号：二三三三〇二六四基盤研究（B）　二〇一一年度～二〇一五年度「学習基盤の形成を促進する書字力育成プログラムの開発」（代表・鈴木）
課題番号：二〇五三〇八三一基盤研究（C）　二〇〇八年度～二〇一〇年度「記述力の変容を促す書字行動及び書字習慣の追跡と分析」（代表・鈴木）

シリーズ『大学の授業実践』監修の志

監修者　宇佐美　寛
（千葉大学名誉教授）

広く、大学生の学力の低さ（学習意欲の無さ）が慨嘆されている。慨嘆は当然・正当である。もちろん、この病気は大学に入ってから急にかかったものではない。小学校以来の教育の内容・方法の結果である。

しかし、大学の教員としては、まず自分の責任がある範囲で、この病気と戦わねばならない。その努力をせずに他者の守備範囲のことを批判しても虚しい。説得力を欠き、相手にされない。大学の授業を変えよう。

授業を自覚的に変えなければ、入学試験も変え得ない。「私がするような望ましい授業で学ぶための学力は、どのようなものであるべきか。」こう問うからこそ、入学に必要な学力が明確に把握できるのである。また、高校やそれ以前の段階の学校教育に対する批判・要求をするための基準は、自分の授業である。生身の学生相手の授業で苦労しているからこそ、大学入学以前の教育の欠陥が見えるのである。

自分は今までどんな授業をしてきたか。自分に対して、こう問わねばならない。そして、この問いに対して、具体的に明確に答えねばならない。つまり、自分の授業の現実を報告するのである。

このように、自分の実践に基づくのでなければ、改革の提案をする資格は無い。「自分がしてきたこととの関係でのみ、ものを言える。これがおとなの社会のルールなのだ。」（宇佐美寛『大学の授業』東信堂、一九九九年、一六〇ページ）

自分の実践であるからこそ、細かい事実まで、わかっている。何よりも、授業の相手である学生を知っている。報告・提案の読者から疑問・批判が呈されるかもしれない。その場合、応答の責任を果たし得るのは、自分自身の実践であり自分がもっともよく知っている事柄についてだからである。

自分の授業実践を書くのは、少なくとも本一冊の量の詳しさでなければならない。その一冊を一人で書き抜くべきである。

複数の筆者から、各人たかだか原稿用紙数十枚くらいの原稿を求め、それをまとめたような貧弱さでは、今日の大学の授業の問題点・対処策はとうてい書けない。粗大な抽象論になるだけである。さらに、外国書の翻訳は論外である。一応の参考にしかならない。

自分の頭で自分の実践を具体的に詳しく考えるのでなければ、現実は変え得ないのである。

私は、右のように信じているので、前記の『大学の授業』（東信堂）を一人で書き抜いた。このように自分の実践について一冊という規模で書いた本は、大学の授業については、他には無いようである。この本は広く好評を得てはいるが、他に類書が皆無であるという現状ゆえに好評なのだという要因もあるらしい。悲しい。残念である。

だから、私は右のような私の考えに共感してくれる、より若い大学教師たちに各自の責任で一冊ずつ書くように提案した。

一冊という余裕があるからこそ、自分の責任がとれるのである。「スペースがもう無いので、今回は……」という遁辞で書くべきことを省くという逃げ道も無い。

私は、このシリーズの著者たちに私の『大学の授業』を参考にして書くようにと助言した。あの本は、良かれ悪しかれ、私の責任で私自身の授業を書いた本である。書いている事実についてもっとも詳しく知っているのは私自身だという自信に基づいて書き進めた。書いていて壮快感を持った本である。『大学の授業』を真剣に参考にしたならば、各自の著書は次の各項を本質的部分とするべきだということが見えるはずである。

一、自分が教えている学生の実態はどのようなものであると見たのか。特に学力はどのような状態であると見たのか。

二、どのような学力の状態を望ましい目標であると見なしたのか、つまり、学生の学力をどのような状態にまで変えたかったのか。

三、右の目標のために、どんな内容・方法で授業をしたのか。

四、その結果、学力の状態はどう変わったのか。

つまり、一、現状の把握、二、目標の構想、三、内容・方法の構想・実行、四、結果の確認という四項である。私は『大学の授業』をこの四項を本質的部分として書いたつもりである。

「各自の責任で」書くとは、監修者である私があまり批判・指導を加えないということである。重大な不適切・過誤でもない限り黙ってみていようと思う。批判は読者がする。〈監修〉という仕事はどうあるべきか、どの範囲で機能すべきかという面白い問題の研究になる。

二〇〇一年二月六日

ヤ行

ラ行

ワ行

ハ行

マ行

タ行

ナ行

サ行

索　引

著者紹介

鈴木　慶子（すずき　けいこ）

長崎大学教育学部教授

千葉大学大学院教育学研究科国語教育専攻修了

主な著書

『地域理解の視点―長崎の理解と教育の創造―』（第11章「書家　原田草雲を通して見る長崎の戦後新教育黎明期」執筆）、長崎大学教育学部地域教育学研究編、1995年

『小学校学年別書写指導の12ヶ月』（久米公氏らとの共著）、萱原書房、1996年

『学生の納得度を高める大学授業』第八章（執筆）、ナカニシヤ出版、2012年

『一回一〇分で積み上げる　「書く力」育成ワークシート　中学校編』（千々岩弘一らとの共著）、明治図書、2014年

連絡先

長崎大学教育学部　　〒852―8521　長崎県長崎市文教町1―14

TEL & Fax：095―819―2302

Email：keiko-s@nagasaki-u.ac.jp

手書きに関するホームページ「書室」http://syoshitsu.com

シリーズ『大学の授業実践』4

文字を手書きさせる教育――「書写」に何ができるのか

2015年8月31日　初版　第1刷発行

2018年11月10日　初版　第2刷発行

2022年3月15日　初版　第3刷発行

〔検印省略〕

定価はカバーに表示してあります。

著者©鈴木慶子／発行者 下田勝司

印刷・製本／中央精版印刷

東京都文京区向丘1-20-6　郵便振替 00110-6-37828

〒113-0023　TEL（03）3818-5521　FAX（03）3818-5514

発行所 株式会社 東信堂

Published by TOSHINDO PUBLISHING CO., LTD.

1-20-6, Mukougaoka, Bunkyo-ku, Tokyo, 113-0023, Japan

E-mail : tk203444@fsinet.or.jp　http://www.toshindo-pub.com

ISBN978-4-7989-1309-4 C3337　© Keiko Suzuki

東信堂

東信堂

比較教育学事典	日本比較教育学会編	一二〇〇〇円
比較教育学の地平を拓く	山田肖子・森下稔 編著	四六〇〇円
比較教育学―越境のレッスン	馬越徹	三六〇〇円
比較教育学―伝統・挑戦・新しいパラダイムを求めて	M・ブレイ編著 馬越徹・大塚豊監訳	三八〇〇円
国際教育開発の研究射程―「持続可能な社会」のための比較教育学の最前線	北村友人著	二八〇〇円
国際教育開発の再検討―途上国の基礎教育普及に向けて	小川啓一・西村幹子・北村友人 編著	二四〇〇円
発展途上国の保育と国際協力	浜野隆・三輪千明 著	三八〇〇円
トランスナショナル高等教育の国際比較―留学概念の転換	杉本均編著	三六〇〇円
中国教育の文化的基盤	顧明遠著 大塚豊監訳	二九〇〇円
中国大学入試研究―変貌する国家の人材選抜	大塚豊	三六〇〇円
中国高等教育独学試験制度の展開	南部広孝	三二〇〇円
中国の職業教育拡大政策―背景・実現過程・帰結	劉文君	五〇四八円
中国高等教育の拡大と教育機会の変容	王傑	三九〇〇円
現代中国初中等教育の多様化と教育改革	楠山研	三六〇〇円
文革後中国基礎教育における「主体性」の育成	李霞	二八〇〇円
「郷土」としての台湾―郷土教育の展開にみるアイデンティティの変容	林初梅	四六〇〇円
戦後台湾教育とナショナル・アイデンティティ	山﨑直也	四〇〇〇円
ドイツ統一・EU統合とグローバリズム―教育の視点からみたその軌跡と課題	木戸裕	六〇〇〇円
教育における国家原理と市場原理―チリ現代教育史に関する研究	斉藤泰雄	三八〇〇円
中央アジアの教育とグローバリズム	嶺井明子・川野辺敏 編著	三二〇〇円
インドの無認可学校研究―公教育を支える「影の制度」	小原優貴	三二〇〇円
バングラデシュ農村の初等教育制度受容	日下部達哉	三六〇〇円
オーストラリアのグローバル教育の理論と実践―開発教育研究の継承と新たな展開	木村裕	三六〇〇円
オーストラリアの教員養成とグローバリズム―多様性と公平性の保証に向けて	本柳とみ子	三六〇〇円
[新版]オーストラリア・ニュージーランドの教育―グローバル社会を生き抜く力の育成に向けて	青木麻衣子・佐藤博志 編著	二〇〇〇円
オーストラリアの言語教育政策―多文化主義における「多様性と」「統一性」の揺らぎと共存	青木麻衣子	三八〇〇円
マレーシア青年期女性の進路形成	鴨川明子	四七〇〇円

〒113-0023　東京都文京区向丘 1-20-6　TEL 03-3818-5521　FAX03-3818-5514　振替 00110-6-37828
Email tk203444@fsinet.or.jp　URL:http://www.toshindo-pub.com/

※定価：表示価格（本体）＋税

東信堂

ハンス・ヨナス「回想記」	H・ヨナス 盛永・木下・馬渕・山本訳	四八〇〇円
責任という原理—科学技術文明のための倫理学の試み〔新装版〕	H・ヨナス 加藤尚武監訳	四八〇〇円
原子力と倫理—原子力時代の自己理解	Th・リット 小笠原道雄編	一八〇〇円
生命科学とバイオセキュリティ—デュアルユース・ジレンマとその対応	四ノ宮成祥 河原直人編著	二四〇〇円
バイオエシックス入門〔第3版〕	今井道夫 香川知晶編	二三八一円
バイオエシックスの展望	坂井昭宏 松浦悦子編著	三二〇〇円
医学の歴史	今井道夫 石渡隆司監訳	四六〇〇円
死の質—エンド・オブ・ライフケア世界ランキング	丸祐一・小野谷加奈恵・飯田亘之訳	一二〇〇円
生命の神聖性説批判	H・クーゼ著 飯田・石川・小野谷・片桐・水野訳	四六〇〇円
医療・看護倫理の要点	水野俊誠	二〇〇〇円
概念と個別性—スピノザ哲学研究	朝倉友海	四六四〇円
〈現われ〉とその秩序—メーヌ・ド・ビラン研究	村松正隆	三八〇〇円
省みることの哲学—ジャン・ナベール研究	越門勝彦	三二〇〇円
ミシェル・フーコー—批判的実証主義と主体性の哲学	手塚博	三二〇〇円
カンデライオ（ジョルダーノ・ブルーノ著作集 1巻）	加藤守通訳	三二〇〇円
原因・原理・一者について（ジョルダーノ・ブルーノ著作集 3巻）	加藤守通訳	三二〇〇円
傲れる野獣の追放（ジョルダーノ・ブルーノ著作集 5巻）	加藤守通訳	四八〇〇円
英雄的狂気（ジョルダーノ・ブルーノ著作集 7巻）	加藤守通訳	三六〇〇円

〔哲学への誘い—新しい形を求めて 全5巻〕

哲学の立ち位置	松永澄夫 鈴木泉 編	三二〇〇円
哲学の振る舞い	松永澄夫 村瀬鋼 編	三二〇〇円
社会の中の哲学	松永澄夫 高橋克也 編	三二〇〇円
世界経験の枠組み	松永澄夫 伊佐敷隆弘 編	三二〇〇円
自己	松永澄夫 浅田淳一 編	三二〇〇円

価値・意味・秩序—もう一つの哲学概論：哲学が考えるべきこと	松永澄夫	三九〇〇円
哲学史を読むⅠ・Ⅱ	松永澄夫	各三八〇〇円
言葉は社会を動かすか	松永澄夫編	二三〇〇円
言葉の働く場所	松永澄夫編	二三〇〇円
食を料理する—哲学的考察	松永澄夫	二〇〇〇円
言葉の力（音の経験・言葉の力第Ⅰ部）	松永澄夫	二五〇〇円
音の経験（音の経験・言葉の力第Ⅱ部）—言葉はどのようにして可能となるのか	松永澄夫	二八〇〇円

〒113-0023 東京都文京区向丘 1-20-6　TEL 03-3818-5521　FAX03-3818-5514　振替 00110-6-37828
Email tk203444@fsinet.or.jp　URL:http://www.toshindo-pub.com/

※定価：表示価格（本体）＋税